JN236308

持ち歩き版

はじめての海外旅行

手順がわかる親切図解

グループTEN海外企画室　編

池田書店

旅の準備

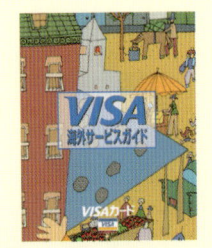

クレジットカード
海外ならVISAかMASTERがおすすめ。無料配布のブックレットには、海外で紛失したときの現地連絡先などが掲載されている。

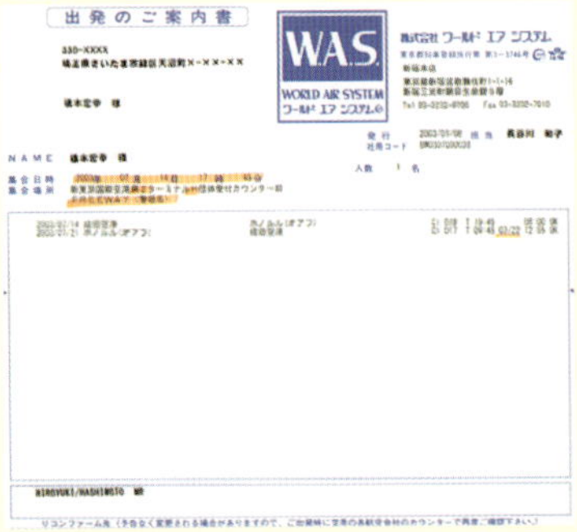

空港で航空券を受け取る場合の案内書
郵便で到着したら、待ち合わせの時間、場所、受付カウンター（看板）名、そしてツアー名を確認すること。

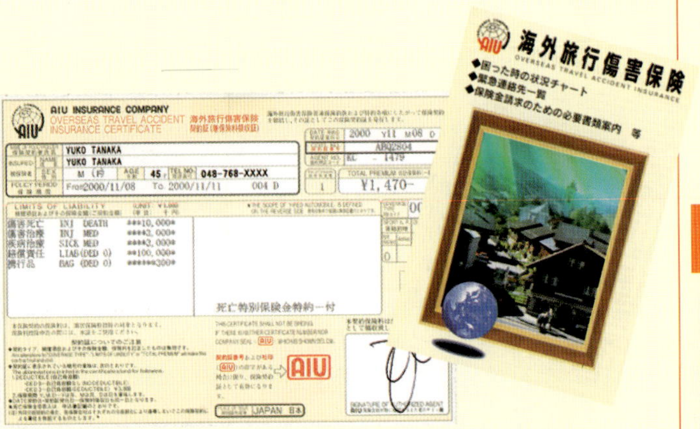

海外旅行傷害保険
現地で病気やけが、人身事故、携行品の紛失などを起こしたときに、補償をしてくれる。事前に旅行会社で入ることもできるし、直前に空港でも加入可能。

パッキングのコツ

靴を持っていく
高級なホテルやレストランへ行く際に、持っておきたいのがきちんとした靴。靴の中に衣類（靴下など）を詰めたりして形を整えればシューキーパーにもなるし、かさばらず、靴の形も崩れたりしない。

空港で

● 自動チェックイン機
　まだ数は少ないが、混んでいるときに便利。画面を見て、自分で席を選ぶことができる。自動的にマイレージも登録してくれる。

● 喫煙
　日本では、喫煙コーナーで吸うこと。海外の空港でも、写真のように喫煙場所がある場合と、屋内が全面的に禁煙の場合があるので注意する。

● マイレージ
　航空会社の行うサービスの一種で、乗った距離に応じてマイレージが貯まり、ポイントに対する無料航空券が提供される。空港でこのような機械に搭乗券を差し込むか、あとから封筒で搭乗券を航空会社に送ってマイレージを貯める。

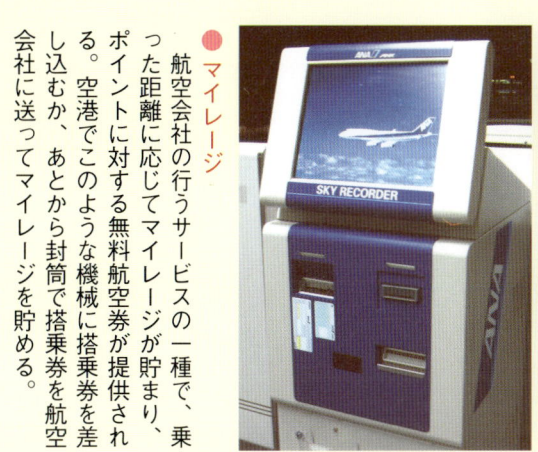

● 荷物を預ける・送る
　手荷物一時預かりでは、一日単位で荷物を日本で預かってくれる。暑い国に行く前にコートを預けるなど、うまく利用したい。自宅から大きな荷物を空港宅配に引き取ってもらえば、出発当日には手ブラで行くことができる。

出入国の際に

出入国の際に

入国の際に必要な書類

飛行機の機内で配られて書くことが多い。英語で記述するのが不安な人は、あらかじめ旅行会社に頼んでおくと、必要事項を書いておいてくれるサービスもあるので利用しよう（有料）。

入出国カード（アメリカ合衆国の例）

海外の諸国への入国審査の際に提出するカード。犯罪やテロ、不法就労の可能性などを問う項目もあるが、ひとつでもひっかかると入国を拒否されることがある。同様に、「現地で働こうと思っている」という意味のことを入国審査で口にすると、就労の意思を持っているとみなされて入国できないこともある。

税関申告書（アメリカ合衆国の例）

腕時計、ビデオカメラ、パソコンなど、高価なものを持ち込む人は、出国の際に必ず持ち帰ることを条件に、関税免除の処置をとられることがあるので、しっかり報告すること。外貨の持ち込み制限がある国では、日本円の持ち込みにも申告が必要。税関申告した人は、原本を帰国までなくさないように保管しておく。

外国製品の持出し届

もともと持っている品物まで海外で買ったと思われて、税関で関税を払うことにならないよう、高価な貴金属やライター、時計、カメラ、バッグなどを持っているときは日本を出る際に申告しておこう。帰国するときに必要なので、旅の途中でなくさないように注意する。高級品は海外に持ち出さないほうが無難。

機内で

● 機内食

日本発着の便では、箸がついていることもある。口に合わないときのために、おにぎりやサンドウィッチなど、かんたんな食事を持参するとよい。

● 窓際の席

窓際の席は、便によっては美しい景色が見られるが、外の冷気でとても冷えるため、毛布を1枚余分にもらうとよい。

● ワインの種類

赤（レッド）と白（ホワイト）以外にも何か聞かれたら、産地の違うワインを2種類用意していることが多い。どちらかを選ぼう。

● このライトが点灯したら

「気流が不安定で危険なため、座席に戻るように」というサイン。できるだけ早く座席に戻ること。

● 機内のトイレ

中に入って、ノブを横にスライドさせると、同時に室内の電灯がつくしくみ。

ホテル

● ホテルのロビーでは

ロビーは公の場所。大声でさわがない、走らない、朝早くホテルに着いてもソファで寝たりしない。さまざまな手配は、フロント近くのコンシェルジュに相談しよう。

● ホテルの室内

ホテルは人数での料金ではなく、部屋ごとの料金となる。「ツインは○○ドル」とあったら、二人で泊まってもその料金となる。原則的に男女のカップルで予約すると、ツインではなくダブルの部屋に案内される。ベッドを分けたい場合は、予約時にその旨を伝えること。ツアーの旅行者は添乗員のルームナンバーを聞いておこう。

● カードキー

差し込んだら、数秒の間、解錠してランプがつくので、その間にドアをあける。オートロックになっているので、カードを持たずに部屋を出ないこと。

● セーフティボックス

このタイプのセーフティボックスは、自分で4桁の番号を設定する。チェックアウトの際に閉めていくと解錠できなくなってしまうので、必ずあけておく。

お風呂まわり

● お風呂の使い方

カーテンを中に入れて使う。バスルームの床は防水ではないので、バスタブの外で身体を洗ってはいけない。縦に張るひもがあれば、緊急時に助けを呼ぶもの。換気扇ではないので引っ張らないこと。横に引くひもは、洗濯ものをかけるひもなので引っ張ってもよい。

● お湯の出し方

お湯の温度を蛇口で調節してから、シャワーに切り替えるものが多い。通常、蛇口から水が出るようになっており、蛇口とシャワーとを切り替えるレバーは別についている。たくさんの宿泊客が同時に使うと、お湯がぬるくなることもある。そんなときは時間帯をずらして使うとよい。

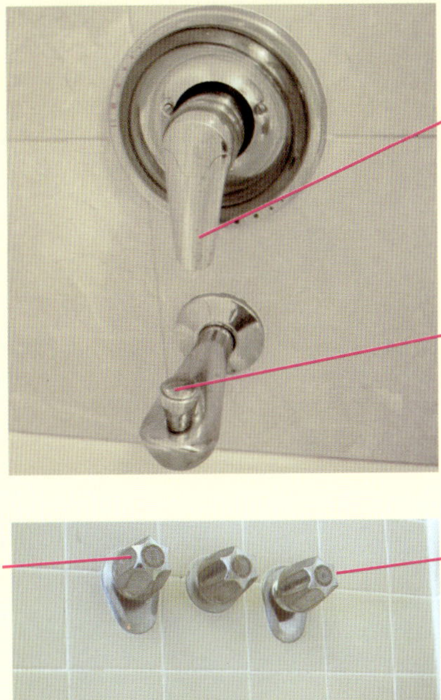

上のレバー
下のつまみ

このタイプは、上のレバーを左右に回して温度を調整する。上のレバーを手前に持ち上げると、水が出て、上のレバーを上に引くと、水量も変えられる。下のつまみを上に引くと、蛇口からシャワーに切り替わる。

お湯
水
シャワー切り替えレバー

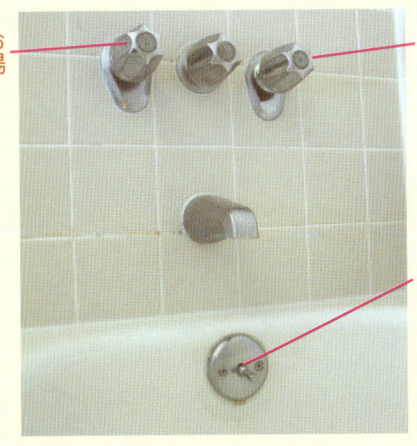

Hがお湯でCが水。下のシャワー切り替えレバーを上に倒すと、蛇口からシャワーに切り替わる。

ホテル

●ホテルでの両替

ホテルでの両替レートはほかより多少高いが、いつでも両替してくれるので便利。

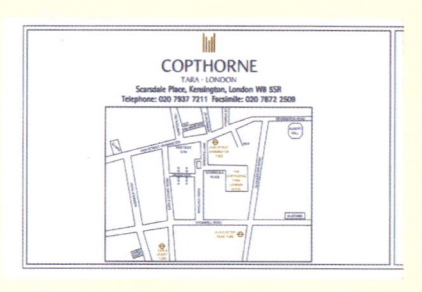

●ホテルのカード

ツアー旅行でも、混んでいるところは同行者まかせで歩いていると迷子になることがあるので、ホテルの地図や名刺は携帯しておこう。

●枕元のチップ

ツアーなら、チップの目安を添乗員か現地ガイドが教えてくれる。通常、ホテルのベッドメイキングをしてくれる人へのチップは、枕元に置く。机だと置き忘れたと誤解して持っていってくれないこともあるので、Thank you!と書いたメモを一緒に置くとよい。

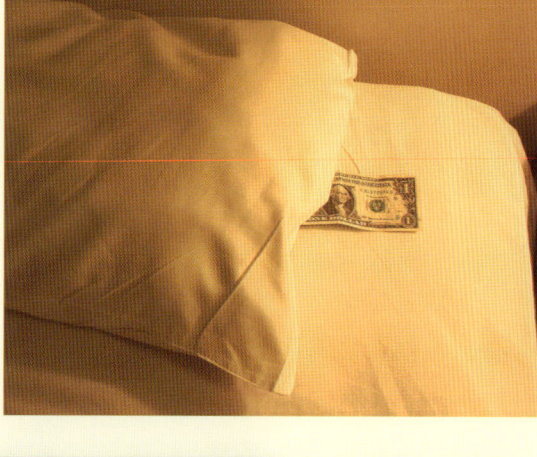

●荷物を預かってもらう

宿泊客なら、チェックイン前とチェックアウト後の数時間、荷物を預かってもらうことができる。ベルボーイに荷物を預けたら、預かり札をもらうか、ほかの客のものとの混同がないよう、管理をしっかり確認する。荷物を返却してもらったら、チップを忘れないように。

ホテル

街の歩き方

● 道路を渡るとき

左側通行の日本と違って、右側通行の国もある。その場合、まず左を見て、そのあと右を確認してから道路を渡ること。レンタカーを借りた人は、ガソリンスタンドや駐車場から出る際に、うっかり左に曲がってしまわないよう注意しよう。

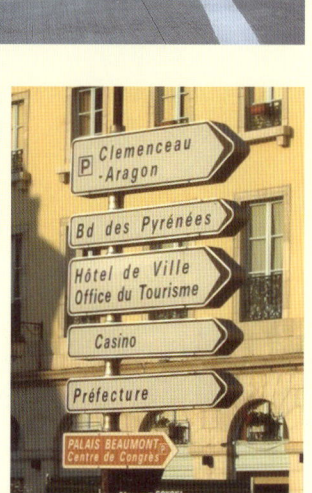

赤信号　**青信号**

信号の形や表示も日本と同じではない。その地に慣れていない旅行者なので、現地の人のマネをして赤信号を渡ったりしないこと。

● 通りの名前

海外では、それぞれの通りに名前がついており、通りの名前が住所になっていることもめずらしくない。迷ったときは、今いる通りの名前を地図で探してみるか、行きたい場所の通りの名前を周囲の人に尋ねてみよう。

● タクシーに乗る

メーターが動いていることをしっかり確認する。目的地までの大体の金額を、観光案内所やホテルのフロントで聞いておくとよい。外国のタクシーは日本ほど高くないことも多いので、気軽に利用しよう。時間帯によっては渋滞も起こるので、帰国の際に利用するなら、かなり余裕を持って出発すること。

値札の読み方

市場やスーパーで果物などを買うときに覚えておくと便利。

「広告した商品」の意味。

重さがまちまちなので、計量する必要がある。

セール品。通常の販売価格が記されているが、それより安くなっているという表示。

1つあたりの料金という意味。

セール品

いくつでも買ってよい。制限なし。

街の歩き方

● トレッキングを楽しむ
標高の高いところでは、頭痛、めまい、嘔吐、高山病になることもある。第一に、ゆっくりマイペースで登ることが大切。高山病になったら、深い呼吸を心がけ、たくさん水を補給し、温かくして休む。

● ビーチでは
砂浜では、ガラスの破片などで足を切りやすいので、裸足ではなくサンダルを履くようにする。強い紫外線から目を保護するために、サングラスは必須。貴重品から目を離して海に入ったりしないように注意しよう。

両替

両替

● 街中の銀行
両替の際、パスポートが必要な国（あるいは銀行）もある。両替には手数料が必要となる。

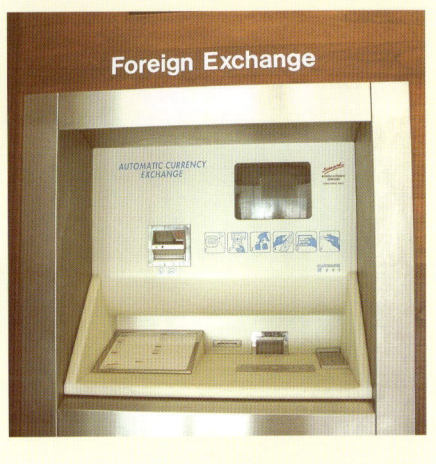

● 自動両替機
主な国の通貨を簡単に両替できる。受け取った紙幣は数えて確認すること。

● 両替のレシート
再両替に必要となることもあるので、大切にとっておく。

● ATM
日本から国際キャッシュカードの手続きをしていくと、ATMを使って、両替の手数料も安く、銀行の閉まっている夕方以降や日曜日にも、銀行のレートで両替ができる。

● レート表
両替のレートは毎日変わる。また、各銀行や両替所によっても違うので、よいところを探して両替するようにしたい。

レストラン

● 持ち帰りはOK
欧米では、一品の量が多いため、注文しすぎないようにする。高級レストランを除いて、残ったものや、メニューの中から持ち帰ることができる。「テイクアウト、プリーズ」と言えばよい。

● カフェや屋台などで
生水が飲めない国もある。水に気をつけるだけでなく、氷にも注意する。冷たいものを頼む際、「ノーアイス、プリーズ」と言うと氷を入れないでくれる。カフェでは、先に注文と支払いをすませてから席につく。

● テーブルで支払いをすませる
海外では、支払いはレジで行わずにテーブルですませることが多い。レジかテーブルか、どちらにするかは、周りの人を見て判断しよう。テーブルでの会計は、「ビル、プリーズ」と言って勘定書を持ってきてもらい、金額を確認したら、現金かカードを挟んで、閉じる。

お金を挟む

表紙を閉じる

12

電話

● プリペイド式のテレフォンカード

世界中の提携国で利用できる。電話口に差し込むのではなく、カードに書かれた番号に電話をして、指示に従ってかければよい。公衆電話（コインを入れる必要なし）、ホテルの電話（通話料はホテルから請求されない）からも利用できる。どちらも使い方はほぼ同じ。

Ⓐ 日本で売っているテレフォンカード

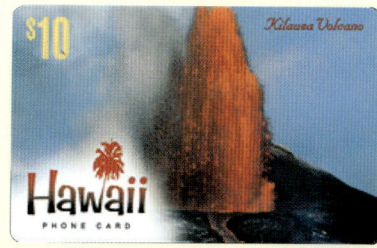

Ⓑ アメリカで買えるテレフォンカード

Ⓐの裏面

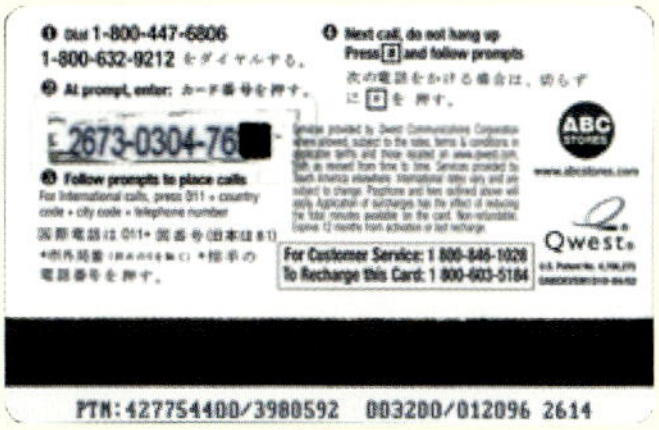

Ⓑの裏面

どちらも、裏面の銀色の部分をコインでこすり、出てきた暗証番号を利用する。日本語対応の番号もある（くわしくは62ページ）。

フランスの公衆電話

アメリカの公衆電話

● 公衆電話

プリペイド式のテレフォンカードを使う際は、公衆電話でもコインは不要。

郵便

● 郵便局を利用する

郵便物は、ポストよりも、郵便局から出したほうが早い場合が多い。

● 絵ハガキの活用

旅先の絵ハガキには、美しい風景写真も多い。実際の風景は自分の目で見て、写真は絵ハガキに任せるのもよいだろう。

郵便事情は、国によってかなり差がある。国によっては、1か月経っても日本にハガキが届かない場合があると心得ておきたい。

● 速達の郵便（アメリカの例）

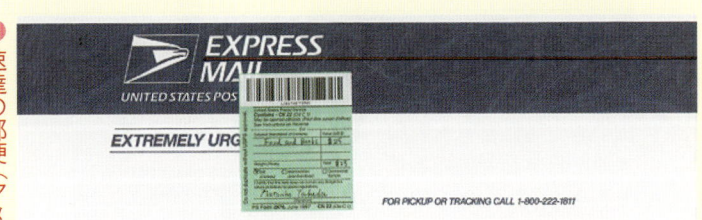

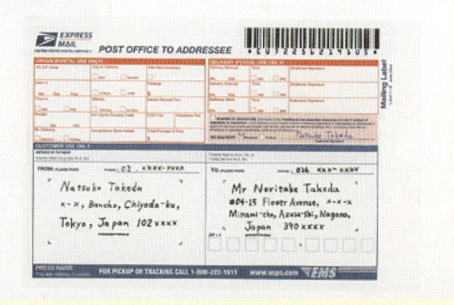

内容物、内容物の金額を書く欄と、ギフト（贈り物）か、商品かを選択する欄がある。

帰国の際に

● お土産は割れないように

壊れやすいお土産は、お店に頼んでしっかり梱包してもらう。また、自分で衣類やお土産のTシャツにくるんで持って帰るという手もある。壊れやすいものは、自分で機内に持ち込む手荷物とするのがいちばん安全。

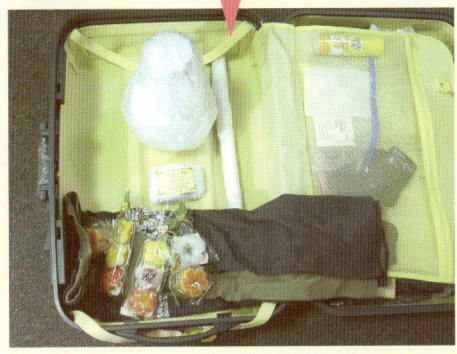

● 友人たちに配るために

こまごまとしたお土産を買うときは、袋を何枚かもらっておくと、あとで何人かに分けるときに便利。「キャナイハヴ モア バッグス?」とお願いしてみよう。

● 持ち切れない場合は

飛行機で持って帰ることのできる荷物の重量や個数をオーバーしてしまうときや、荷物が多いので送ってしまいたいときは、携行品・別送品にすると旅行者の免税範囲を最大限に利用できる。(くわしくは、87・101ページを参照)

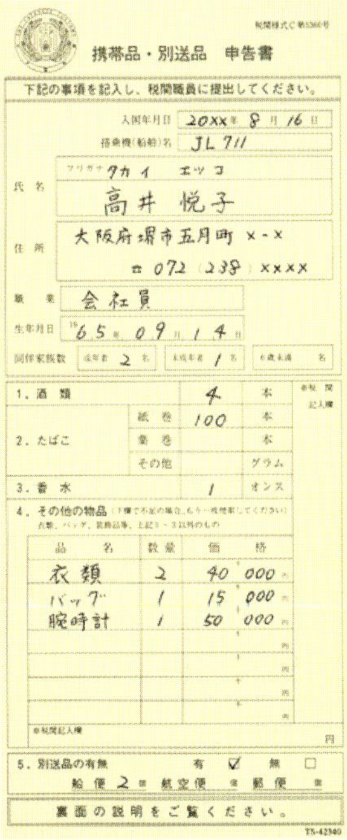

15

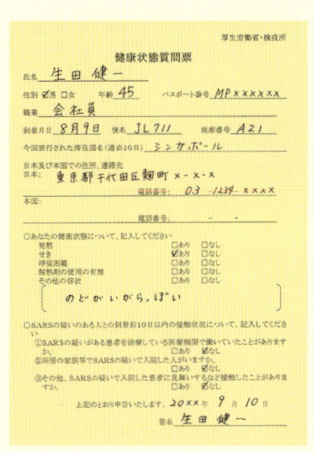

● 持ち込み規制品
　日本に持ち込むことができないものには、ワシントン条約で決められた動物や皮製品、そしてにせもののブランド品などがある。空港ですべて没収されてしまうので、持ち込まないようにする。

● 健康状態質問票
　旅先で具合が悪くなった人は、空港でこの紙をもらって記入する。空港内の検疫所には、医師も控えていて、健康状態について相談することができる。

● 宅配便で送る
　空港から、重い荷物や買ってきたお土産を宅配便で送ることができる。帰宅時に交通機関を利用する際、抱えて歩く場面も多く、長旅で疲れている身体には大きな荷物が負担になるので、有効に利用したい。

帰国の際に

目次

序章　旅の準備

- 旅の準備 ……………………… 2
- 空港で ………………………… 3
- 出入国の際に ………………… 4
- 機内で ………………………… 5
- ホテル ………………………… 6
- 街の歩き方 …………………… 9
- 両替 …………………………… 11
- レストラン …………………… 12
- 電話 …………………………… 13
- 郵便 …………………………… 14
- 帰国の際に …………………… 15

- 旅の計画と手配 ……………… 22
- 渡航に必要な書類 …………… 24
- 持ち物の準備 ………………… 26

1章　出発空港で

- 空港に着いたら ……………… 30
- 出国する ……………………… 32
- ◆空港コード表 ……………… 36

新東京国際空港案内 … 37
関西国際空港案内 … 40
◆ その他の空港 … 42

2章 機内で
機内の設備 … 44
機内でのすごし方 … 46

3章 到着空港で
到着ロビーで … 52
現地に着いたら … 50

乗り継ぎをする … 54

4章 ホテル
ホテルに着いたら … 56
荷ほどきの前に … 57
ホテルのサービス … 60
日本への電話・郵便 … 62
部屋を引き払う … 64

5章 街歩き
街歩きの準備 … 66

両替する ー 67
乗り物を利用する ー 68
観光を楽しむ ー 70
レストランに行く ー 72
注文をする ー 74
食事をする ー 76
食事のマナー ー 77
◆ワインを飲む ー 78
支払いをする ー 79
トイレを利用する ー 80

6章 ショッピング

よい店を探す ー 82
入店〜品物選び ー 83
値段を交渉する ー 84
◆衣料品サイズ比較表 ー 85
免税店の利用 ー 86
支払いをする ー 88

7章 出国手続き

旅先を出国する ー 90

8章 帰国したら

到着ロビーで … 98
持ち込めないもの … 102
免税されるもの … 103
日本へ入国する … 104

◆緊急時の対処法 … 96
帰国便に乗ったら … 95

トラブル対策 … 105
トラブル事例と対処法 … 106
盗難・紛失 … 108
病気・けが … 110

取材・文　近藤 紀子
編集協力　辻 雅子
　　　　　岩橋 真子
　　　　　加藤 みゆき
企画・編集　㈱オメガ社
本文デザイン　㈱メイフラワ
イラスト　ひらい みも

はじめての海外旅行

序章

旅の準備

● 旅行前日までにすませること

家族に旅程を伝える	日程、便名、ホテル名、連絡先を伝えておく
交通機関の確認	空港までの交通機関と時刻を確認しておく
パスポートのコピー	写真が貼ってある面をコピーする
荷物を空港へ送る	伝票には都道府県名、空港名、便名、出発時刻を記入する
病気や歯の治療	治療中の人は必ずすませておく
ペットを預ける	料金はかかるが、ペットホテルを利用するとよい

旅の計画と手配

便利で手軽なパック・ツアー（以下ツアー）と、自由な個人旅行、自分に合ったほうを選びましょう。

❶ 旅の情報を集め、行き先と時期を具体的に決定する。

▼

❷ ツアーか、個人で行くかを決める。

▼

❸ ツアーで行くならできるだけ早く申し込む。

▼

❹ 個人で行くなら航空券の手配をする。

ツアーか個人か

旅行会社が企画と手配をしてくれるツアーと、旅行者がすべて自分で手配する個人旅行があります。それぞれに長所と短所がありますが、海外旅行がはじめてで手続きのしかたがわからない人や、語学に自信のない人は、添乗員が同行してくれるツアーのほうが安心です。

個人旅行は不安だけど、団体行動が苦手な人には、添乗員は同行せず、現地で係員が案内してくれるツアーや、航空券とホテルだけが決まっている個人旅行とツアーの中間のようなものもあります。

	長所	短所
ツアー	● 手続きはすべて旅行社がやってくれる ● トラブルがおこっても安心	● 自由時間が少ない ● スケジュールを途中で変更できない
個人	● 自分の希望どおりに計画を立てられる ● 出発前ならスケジュールの途中変更ができる	● 手配はすべて自分 ● トラブルにも自分の責任で対処しなければならない

キャンセルするときは

予約時にキャンセル料を旅行会社に確認しておきましょう。下は標準旅行業約款の例。

31日前まで	無料
30〜3日前	20%
前々日〜前日	30%
当日	50%
旅行開始後	100%

契約のことでトラブルがあったら、（社）日本旅行業協会に相談を。

申し込み

ツアーの人は旅行会社でツアー参加を申し込み、個人旅行なら、航空会社や旅行会社で航空券・ホテルの手配をします。お盆やお正月シーズンなど、海外旅行が集中する時期は、早めに飛行機の予約をしましょう。申し込みの際は、不明な点があれば確かめ、納得してから申し込みましょう。

● 航空券の種類 ●

格安	正規割引	正規
安いけれど、キャンセル不可、予約の変更不可といった制約が多い	航空会社が独自で設定している割引き運賃。条件は会社ごとに違う	高いけれど、航空会社や日程、路線、便などすべての変更が可能

ツアー申し込みの手順

1 申し込み
旅行会社へ出向くか、電話で申し込みをする。

2 申込書の記入と申込金の支払い
ツアー申込書に必要事項を記入し、申込金を支払う。

（「まず1万円ね！」）

3 残金の支払い
旅行社の案内にしたがって、期日までに残金を支払う。

4 最終日程表を受け取る
航空券、フライト予定・ホテル名・日程が記された具体的な日程表を受け取る。

（「航空券が空港渡しなら、集合場所を確認してね！！」）

航空券が当日空港渡しの人は、集合場所とツアー名、看板名を確認すること

序章 旅の準備
1章 出発空港で
2章 機内で
3章 到着空港で
4章 ホテル

渡航に必要な書類

書類の手続きは少々時間がかかります。出発間際になってあわてないよう、早めに準備しましょう。

パスポート

パスポートは海外で日本人であることを証明する唯一の身分証明書。青色の5年用と赤色の10年用がある。

パスポート取得の手順

❶ 旅券課窓口で申請
住民登録をしている都道府県の旅券課か出張所で。

❷ ハガキを受け取る
数日後、いつどこで受領できるか記したハガキが届く。

❸ 旅券課に出向き、受け取る
受け取りは必ず本人が行く。申請から受け取りまでは、10日ほどかかる。

① 旅券番号
重要なので手帳などに控えておく。航空券の購入の際にも必要。

② 有効期間
滞在予定の期間には足りていても、有効期間が短いと入国できない国もある。

③ サイン
ローマ字でも漢字でもよい。トラベラーズチェック等のサインは、パスポートと統一する。

● 申請に必要な書類
一般旅券発給申請書1通、戸籍抄本または謄本（発行後6か月以内のもの）1通、住民票1通、写真（縦45×横35ミリ）1枚、官製ハガキ1枚、運転免許証など身元を確認できるもの、印鑑

● 受領に必要な書類
受理票、旅券課から届いたハガキ、手数料（10年用1万5千円、5年用1万円、12歳未満5千円）

> 申請は旅行会社に代行してもらうこともできるよ。

序章　旅の準備

1章　出発空港で

2章　機内で

3章　到着空港で

4章　ホテル

ビザが必要な国に行くなら

ビザ取得の手順

❶必要書類をそろえる
国によって異なるので、事前に大使館（領事館）へ確認。

❷大使館（領事館）で申請
大使館で申請する。所要日数は1〜10日と、国によって異なる。

❸受け取り
再び大使館に出向いて受け取る。代理の申請、受領も可能。

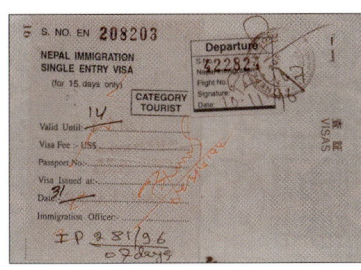

国によっては短期の観光旅行でもビザが必要。事前に旅行社や大使館で確認しておく。

イエローカードが必要な場合

イエローカード取得の手順

❶予防接種を予約する
保健所、検疫所、指定の医療機関、専門診療所で予防接種を予約。

❷予防接種とカード受け取り
予防接種後、その場でイエローカードが発行される。

❸検疫所でスタンプをもらう
所定の検疫所に出向き、スタンプをもらう。

アフリカなど、WHOが指定した伝染病感染地区に渡航する人は必要。予防接種を受けると発行される。

予防接種の注意点
★ 渡航する国ごとに、受けるべき種類は異なる。
★ 渡航直前では効めめがないものがあるので早めに。
★ 副作用があるものもあるので、同時に受けず、間隔をおく。

健康に心配のある人は

持病のある人や病気治療中の人は、現地で病院に通うことになっても困らないよう、主治医に頼んで、英文カルテを作成しておくと安心。

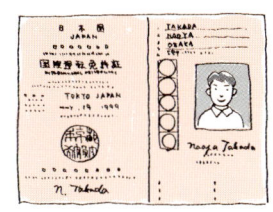

旅先でレンタカーを借りるなら

渡航先で車を運転するには、国際免許証が必要。都道府県の運転免許課や運転免許センターで申請すれば即日交付される。ハワイ等、必要のない地域もある。

持ち物の準備

持ち物は、チェックイン時に預ける大きな荷物1つと、客室内に持ち込む手荷物に分けてまとめます。

客室内持ち込み手荷物

口がきちんと閉じるもの

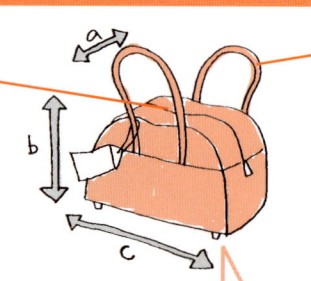

ひったくりの被害にあわないためにも、肩から下げられるものがよい

ハンドバッグ1つと、abc 3辺の合計が115cm以内のもの

パスポート	航空券or案内書	日本円／外貨	トラベラーズチェック ▲
クレジットカード	旅行傷害保険証	旅行日程表	イエローカード ▲
各種証明書 ▲	英文カルテ ▲	ハンカチ／ティッシュ	筆記用具
カメラ／フィルム	ガイドブック	眼鏡／コンタクトケア・グッズ ▲	長袖の上着
スリッパ ▲	アイマスク／耳栓 ▲	リップクリーム／乳液 ▲	常備薬 ▲

序章 旅の準備

1章 出発空港で
2章 機内で
3章 到着空港で
4章 ホテル

チェックインで預ける荷物

- 布製よりも硬い素材のほうが安全
- 20キロ以内（ヨーロッパ、アジア、オセアニア方面エコノミークラス利用の場合）
- カギ付きが安全
- キャスターにストッパーが付いたものが便利
- ベルトやスカーフで目印をする

予備の写真2枚	パスポートのコピー	衣類・下着	靴／サンダル
ひげそり ▲	化粧品 ▲	洗面用具	パジャマ　浴衣はホテルにはない
変圧器・プラグ	ドライヤー ▲	洗濯セット ▲	裁縫セット ▲
救急セット ▲	電卓	雨具	タオル ▲
ビニール袋	日本食 ▲	除菌クリーナー ▲	ゆびさし英会話等

▲がついているものは、必要な人のみ

お金を準備する

現金と、トラベラーズチェック、クレジットカードのいずれかを組み合わせて用意します。

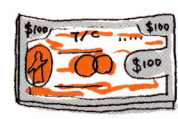

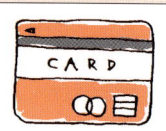

クレジットカード	トラベラーズチェック	現　金
欧米では広く通用する。身分証明書にもなるので一枚は持っておきたい。	紛失しても再発行してもらえるが、使えない店もある。銀行、郵便局で購入。	日本円は主な国で両替可能。もしものときのために少額の現地通貨も用意。

保険には入っておこう

現地でケガ・病気になったとき全額自己負担することを考えると安いもの。通常、保険会社が用意しているセットに加入することが多いのですが、必要な保険だけを選ぶこともできます。保険料は掛け捨てで、旅行期間や補償金額によって変わります。

補償期間

帰国後72時間以内 ※2 ← 家に帰る ← 病気以外 **補償** … 病気 **補償** → 家を出る ※1

※1　空港で加入した場合は、家から空港までは補償対象外。
※2　48時間の場合もある。

●主な補償内容

救援者費用	けが・病気
他人に損害を与えたとき	携行品の紛失・破損

クレジットカードの保険があれば大丈夫？

カードについている保険は、病気への補償が薄かったり、携行品の補償がなかったりということもあります。カード会社に確認しましょう。

◀ 両替の手順は **67ページ**へ

はじめての海外旅行

1章

出発空港で

●出国手続きに必要なもの

パスポート	出国審査で提示する
航空券	カウンターで搭乗券と引き換える
搭乗券	出国手続きと免税店での購入で必要
外国製品持ち出し届・現物	外国製品を税関で申告する人のみ

●あると便利なもの

| フィルム用X線防止バッグ | ISO400を超える高感度フィルムを持っている人のみ |

空港に着いたら

空港施設に入る手前で、必ず検問があります。見送りだけの人も、身分証明できるものを忘れずに。

❶ 空港に着いたら、団体集合場所へ。たいてい「団体案内カウンター」の表示で出発ロビーにある。

❷ 集合場所では、自分のツアー名のある看板のところへ並ぶ。手持ちの予約票と引き換えに、旅行会社の人から航空券をもらう。

❸ 次に、航空会社のカウンターへ。（航空券を持っている人は❶❷を省く）に自分の航空券を搭乗券に替える。

❹ 荷物を預けて、チェックインをすませる。客室内に持ち込む手荷物のみを持って、搭乗時刻まで待つ。

待ちあわせ場所へ

● まだ航空券を持っていない人は…
通常、空港で航空券をもらうことになります。「団体待ち合わせ場所」は、出発ロビーのある階にあります。

航空券
飛行機に乗る回数分＋レシートの束になっていて、これを乗るつど搭乗券に引き換える。旅の終わりまで絶対に捨てないように。

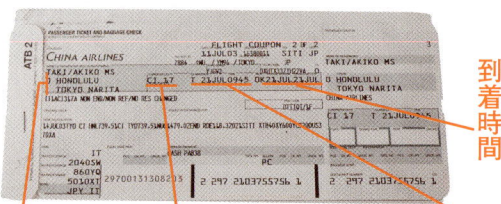

- 発着都市名
- 便名
- 到着時間
- 出発時間

控えておき、留守を預かる人に伝えておこう。

搭乗券（ボーディングパス）
一枚だけ（分厚い紙）。折り曲げ禁止。

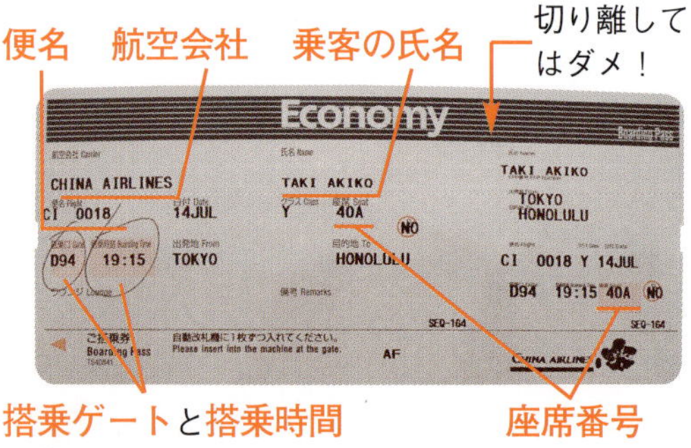

- 便名
- 航空会社
- 乗客の氏名
- 切り離してはダメ！
- 搭乗ゲートと搭乗時間に印をつけてくれる
- 座席番号

航空会社のカウンターへ

すでに航空券を持っている人は、この手順から。チェックインをして、搭乗券に引き換えてもらいます。

一方通行なので、出口からは入れません。

カウンターはAから順にアルファベットで表示されています。案内板で、確認できます。

1 すべての荷物のチェック

入り口でX線チェックなどがあります。

トランクにシールを貼られたあとは開けてはダメ。

2 カウンターに並ぶ

便名と、エコノミー、ビジネス、ファーストなど、クラスによって分けられています。たとえ隣の列がすいていても、自分のクラスかどうか確認します。パスポートと航空券を用意しておきましょう。

手荷物につけるタグ
名前はローマ字で 
便名も忘れずに

預かり札 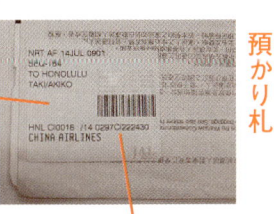
航空券の裏に貼ってくれることもある

この番号が預け荷物に書かれた番号と対応する

3 自分の番がきたら荷物を預ける

パスポートと航空券を渡します。チェックインが早ければ窓際・通路側など座席を選ぶことができます。

序章 旅の準備
1章 出発空港で
2章 機内で
3章 到着空港で
4章 ホテル

出国する

ここからは見送りの人ともお別れです。出国の手順は決まっているので覚えておくとあわてずにすみます。

① 手荷物のX線検査と身体検査を受ける。
▼
② 外国製品を持っている人は税関で申告する。
▼
③ 出国審査を受け、パスポートに出国スタンプを押してもらう。
▼
④ 搭乗ゲート近くのラウンジで待つ。時間になったら搭乗する。

手荷物検査

ハイジャックやテロ防止のために、厳重な検査が行われます。客室内に持ち込むことができないものは、空港に預けるか没収されるので、チェックイン時に預ける荷物の中へ入れておきましょう。

こんなものも持ち込めない！
- 爪切り
- 眉用ハサミ
- 万能ナイフ
- 鼻毛抜き

※裁縫用具の針も持ち込めない。

1 荷物を検査台に乗せる
ポケットの中のカギ、小銭や身につけた貴金属はトレイに乗せる。

2 金属探知ゲートをくぐる
ベルトの金具や心臓のペースメーカーなどでブザーが鳴ることもある。ブザーが鳴ったら再チェック。

3 身体検査（ボディチェック）

4 終了。税関へ

◀︎ 税関申告がない人は**34**ページへ

外国製品を持っている人は

高価な外国製品を持っていたり身につけている人は、税関での申告が必要です。申告をしていないと、帰国時に外国で購入したとみなされて課税対象になることがあります。手続きは「外国製品の持出し届」に記入してスタンプをもらうだけ。帰国時のトラブルを防ぐために、きちんと申告しておきましょう。

申告するのはこんなもの（例）

- 時計 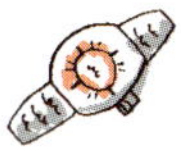
- 貴金属 
- 宝石 
- パソコン 
- ブランド品など

外国で買ってきたと思われそうなものを申告しておくんだよ。

高価な外国製品のない人

→ 税関を素通りしてよい

→ 出国審査へ

高価な外国製品のある人

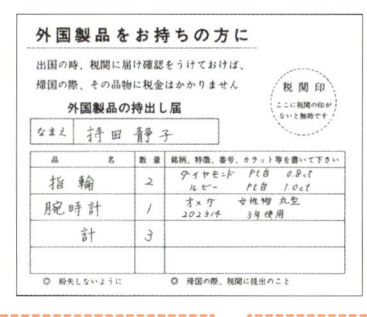

外国製品の持出し届に記入
持ち出しをする製品の数量や特徴を記入する。用紙は税関においてある。

税関でスタンプをもらう
現物を見せて用紙にスタンプをもらう。用紙は帰国まで保管をする。

外国製品をお持ちの方に
出国の時、税関に届け確認をうけておけば、帰国の際、その品物に税金はかかりません
外国製品の持出し届

33

出国審査

出国審査は、一人ずつ行われます。パスポートと搭乗券を用意しておきましょう。

1 カウンターに並ぶ

日本人用審査カウンターの前に並びます。ピーク時は込み合って長蛇の列になるので、余裕をもって早めに並びましょう。

赤線の手前で待つ

2 パスポートを審査官に渡す

一人ずつ審査官の前に進み、パスポートと搭乗券を渡します。読み取り機械を通すので、パスポートのカバーは外しておきます。

カバーは外して！

夫婦です！

3 スタンプを押してもらう

審査官はパスポートの写真と本人の顔を見比べて出国スタンプを押し、搭乗券と一緒に返します。質問されることは、ほとんどありません。

スタンプは、前のページから順に押されるわけではありません。

搭乗する

出国審査が終わったら、搭乗券に書いてあるゲート番号を見て、搭乗ゲートに向かいます。ゲートを確認したら搭乗までは自由時間です。お茶を飲んだり、免税店で買い物を楽しむことができます。

時折、搭乗ゲート変更や出発時間の遅延があります。出発便の掲示板を見て確かめておきましょう。

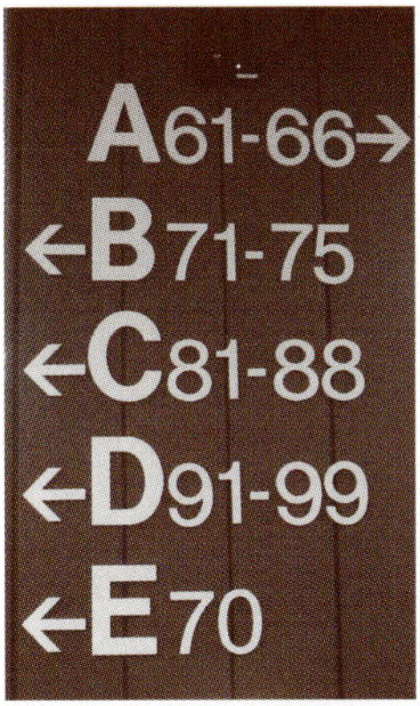

ゲートを示す案内表示

●出発便の掲示板の見方

飛行機が出発する時間

ゲート番号

現在の手続き状況。ゲート変更や、共同就航便の場合のターミナル変更など、特記すべきことが表示される

定刻	経由地	行先	航空会社	便名	ゲート	備考		変更
TIME	VIA	TO	AIRLINE	FLIGHT NO.	GATE	REMARKS		WILL DEP.
16:25		SINGAPORE	ANA	NH901	E70	出国手続き中		18:25
17:10		SEOUL	ANA	NH7047		第1ターミナル	TERMINAL 1	22:00
18:10	CHRISTCHIRCH	AUCKLAND	NEW ZEALAND	NZ90	D95	ゲート変更	NEW GATE	

航空会社名は2ケタのコード

時間変更があればここに表示される

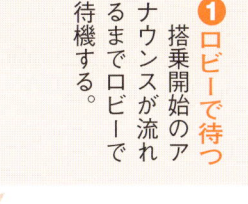

❶ ロビーで待つ
搭乗開始のアナウンスが流れるまでロビーで待機する。

❷ 搭乗開始
通常はファーストクラスから搭乗開始。係員に搭乗券を見せ、機械に差し込む。

❸ 機内へ
客室内の入口で乗務員が出迎えてくれる。搭乗券の半券を見せると席に案内してくれる。

◀ 飛行機の中でのすごし方は**44**ページへ

都市や空港を表すコード

　預けた荷物のタグ（荷札）に記されている3つのアルファベットは、都市や空港を識別するためにつけられたコードです。東京のように1つの都市に複数の空港がある場合は、それぞれの空港を表すコードで区別します。（東京を表す都市コードはTYO、成田空港はNRT、羽田空港はHND）。自分の訪れる空港のコードを知っておくと、荷物の行き先が正しいかを自分で確認することができます。

国　名	都市名	都市コード	空港コード
アメリカ	ロサンゼルス	LAX	LAX
アメリカ	ニューヨーク（JFケネディ空港）	NYC	JFK
アメリカ	ニューヨーク（ニューアーク空港）	NYC	EWR
アメリカ	ホノルル	HNL	HNL
イギリス	ロンドン（ヒースロー空港）	LON	LHR
イギリス	ロンドン（スタンステッド空港）	LON	STN
イタリア	ローマ	ROM	FCO
インド	デリー	DEL	DEL
インドネシア	ジャカルタ	JKT	CGK
エジプト	カイロ	CAI	CAI
オーストラリア	シドニー	SYD	SYD
カナダ	トロント	YTO	YYZ
韓　国	仁　川	SEL	ICN
シンガポール	シンガポール	SIN	SIN
スペイン	マドリード	MAD	MAD
タ　イ	バンコク	BKK	BKK
台　湾	台　北	TPE	TPE
中　国	北　京	BJS	PEK
中　国	香　港	HKG	HKG
デンマーク	コペンハーゲン	CPH	CPH
ドイツ	ベルリン	BER	TXL
日　本	東　京（羽田空港）	TYO	HND
日　本	東　京（新東京国際空港）	TYO	NRT
日　本	大　阪（関西国際空港）	OSA	KIX
ニュージーランド	オークランド	AKL	AKL
フランス	パ　リ	PAR	CDG
ベルギー	ブリュッセル	BRU	BRU
マレーシア	クアラルンプール	KUL	KUL
ロシア	モスクワ	MOW	SVO

新東京国際空港案内

通称・成田空港には第1と第2の2つのターミナルがあります。航空会社や便によって異なるので事前の確認を忘れずに。

空港への交通機関

電車
JR、京成電鉄、京浜急行が利用できる。車と違って渋滞はないが、事故を考慮して早めに。

リムジンバス
都心部の主なホテルやターミナル駅から出ている。時間の余裕を持ってでかけたい。

タクシー
乗車したら「第1（または第2）ターミナルの出発ロビーへ」と運転手に告げる。

マイカー
空港のすぐ近くに駐車場があり、帰国まで比較的安価に車を預かってくれる。

■ 第1ターミナル

5F	レストラン・ショップ	
4F	出発ロビー	バス、タクシーは4階に到着
3F	出国審査場	
2F	入国審査場	
1F	到着ロビー	バス、タクシー乗り場は1階
B1	成田空港駅	電車の発着は地下1階

■ 第2ターミナル（本館）

4F	レストラン・ショップ	
3F	出発ロビー／出国審査場	バス、タクシーは3階に到着
2F	入国審査場	
1F	到着ロビー	バス、タクシー乗り場は1階
B1	空港第2ビル駅	電車の発着は地下1階

序章　旅の準備

1章　出発空港で

2章　機内で

3章　到着空港で

4章　ホテル

第1ターミナル

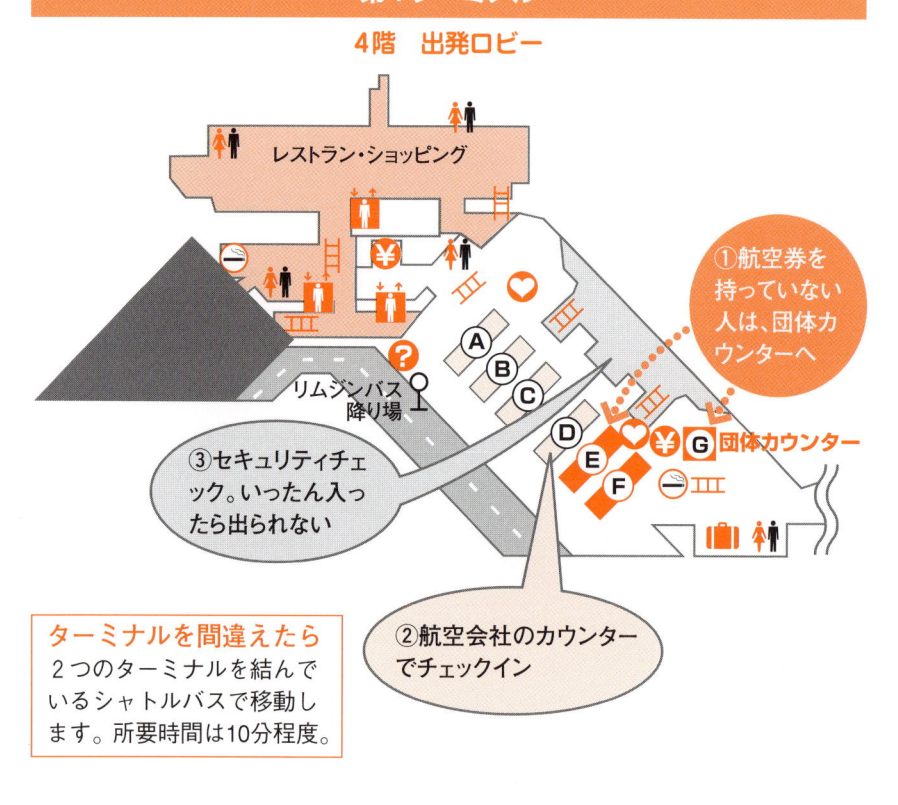

4階　出発ロビー

レストラン・ショッピング

リムジンバス降り場

① 航空券を持っていない人は、団体カウンターへ

G 団体カウンター

③ セキュリティチェック。いったん入ったら出られない

② 航空会社のカウンターでチェックイン

ターミナルを間違えたら
2つのターミナルを結んでいるシャトルバスで移動します。所要時間は10分程度。

凡例
- トイレ
- 案内所
- 両替／銀行
- 旅行損害保険
- エレベーター
- 喫煙所
- 荷物受取所

第1ターミナル利用航空会社

アメリカン航空	ＫＬＭオランダ航空
アリタリア航空	シンガポール航空
ヴァージン アトランティック航空	大韓航空
ヴァリグ・ブラジル航空	ノースウエスト航空
エアカラン	フィンランド航空
エアタヒチヌイ航空	ブリティッシュ・エアウェイズ
エールフランス航空	ユナイテッド航空
キャセイパシフィック航空	ＵＳエアウェイズ

※最近は共同運航便が多いため、利用する便によってはターミナルが異なることもある。事前に航空会社に確認すること。

第2ターミナル

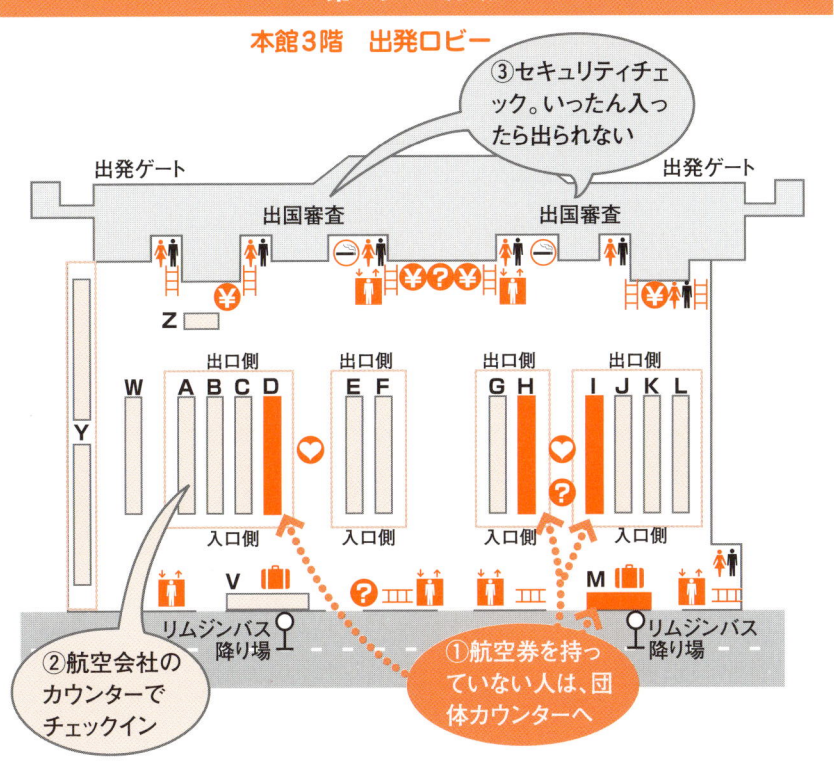

本館3階　出発ロビー

③セキュリティチェック。いったん入ったら出られない

出発ゲート　　　　　　　　　　　　　　　　　出発ゲート

　　　　　　　出国審査　　　　　　　　出国審査

Z

　　　出口側　　出口側　　　出口側　　出口側
Y　W　A B C D　E F　　G H　I J K L
　　　入口側　　入口側　　　入口側　　入口側

V　　　　　　　　　　　M

リムジンバス降り場　　　　　　リムジンバス降り場

②航空会社のカウンターでチェックイン

①航空券を持っていない人は、団体カウンターへ

第2ターミナル利用航空会社

全日本空輸	エバー航空	中日本エアラインサービス
日本アジア航空	オーストリア航空	デルタ航空
日本航空	ガルーダ・インドネシア航空	トルコ航空
ＪＡＬウェイズ	カンタス航空	ニューギニア航空
ＩＢＥＸエアラインズ	コンチネンタル航空	ニュージーランド航空
アエロフロート・ロシア航空	コンチネンタル・ミクロネシア航空	パキスタン国際航空
アシアナ航空	上海航空	ビーマン・バングラデッシュ航空
イベリア・スペイン航空	ジェイエア	フィリピン航空
イラン航空	スイス インターナショナル エアラインズ	ベトナム航空
ウズベキスタン国営航空	スカンジナビア航空	香港ドラゴン航空
エア・インディア	スリランカ航空	マレーシア航空
エア・カナダ	タイ国際航空	ミアットモンゴル航空
エアーニッポン	チャイナエアライン	メキシカーナ航空
エア・パシフィック航空	中国国際航空	ルフトハンザドイツ航空
エアージャパン	中国東方航空	
エジプト航空	中国南方航空	

（平成16年11月現在）

関西国際空港案内

関西主要都市からの交通の便が充実。国内線と国際線が同じターミナル内にあるので、乗り継ぎも便利です。

空港への交通機関

電車
JR西日本と南海電鉄が乗り入れている。JRの特急「はるか」は新大阪駅から約45分、京都駅から約75分。南海電鉄の特急「ラピートα、β」はなんば駅から約35分。

バス・タクシー
大阪市内や近県の各都市から空港直通バスが運行されている。タクシーは定額制の乗り合いタクシーもあるのでタクシー会社に問い合わせをするとよい。

自家用車
第一から第四まで4つの駐車場があり、およそ6千台収容可能。21日以上駐車するときは要予約。このほか、近辺に民間の駐車場もある。

高速船
淡路島の洲本港から高速船が出ている。所要時間は約48分。関西空港ポートターミナルから国際線出発ロビーまでシャトルバスで移動。所要時間は6～8分。

■ ターミナル全体図

4F 国際線出発ロビー
- バス、タクシーは4階に到着
- 高速船乗り場からのシャトルバスは4階に到着

3F 国際線出国エリア／レストラン・ショップ

2F 国内線ロビー／関西空港駅
- 関西空港駅は2階と直結

1F 国際線到着ロビー
- バス、タクシー乗り場は1階
- 第一、第二駐車場は立体駐車場でターミナル2階と直結。
- 高速船乗り場行きシャトルバス乗り場は1階

国際線出発ロビー・出国エリア

4階　国際線出発ロビー

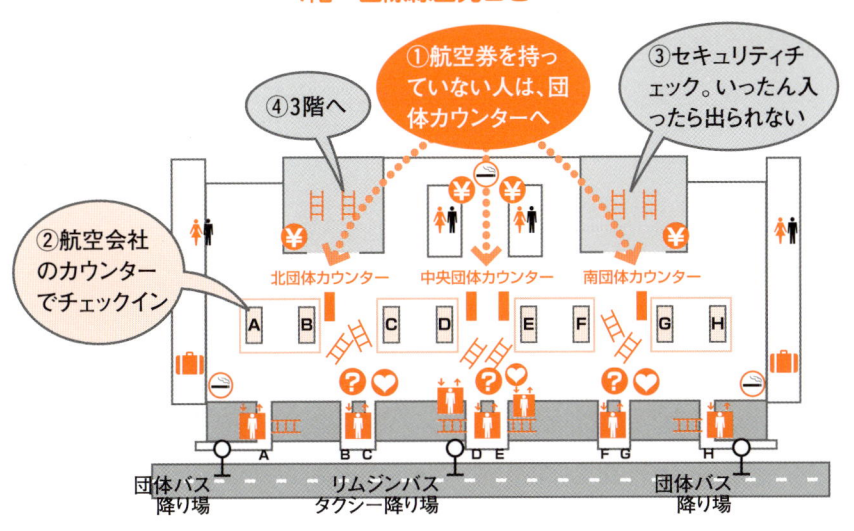

①航空券を持っていない人は、団体カウンターへ

③セキュリティチェック。いったん入ったら出られない

④3階へ

②航空会社のカウンターでチェックイン

北団体カウンター　中央団体カウンター　南団体カウンター

A　B　C　D　E　F　G　H

団体バス降り場　　リムジンバス　タクシー降り場　　団体バス降り場

3階　国際線出国エリア

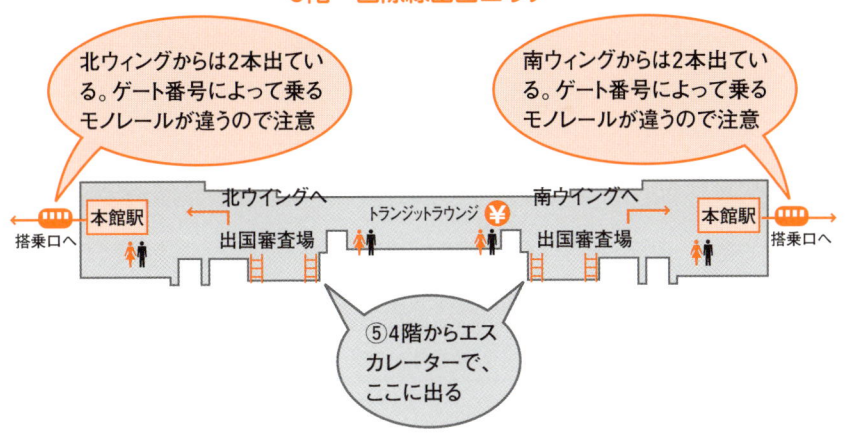

北ウィングからは2本出ている。ゲート番号によって乗るモノレールが違うので注意

南ウィングからは2本出ている。ゲート番号によって乗るモノレールが違うので注意

本館駅　　北ウイングへ　　トランジットラウンジ　　南ウイングへ　　本館駅
搭乗口へ　　出国審査場　　　　　　　　　　　出国審査場　　　搭乗口へ

⑤4階からエスカレーターで、ここに出る

トイレ　　❓案内所　　¥両替／銀行　　♥旅行損害保険
エレベーター　　喫煙所　　荷物受取所

序章　旅の準備

1章　出発空港で

2章　機内で

3章　到着空港で

4章　ホテル

その他の空港

空港名	電　話	備　考
新千歳空港	0123-23-0111	海外8都市に運航。携帯電話の充電可、更衣室有
函館空港	0138-57-8881	サハリンに運航。JR函館駅からバスで約20分
青森空港	017-739-2000	ソウル、ハバロフスクに運航
秋田空港	018-886-3366	乗り合いタクシー（エアポートライナー）が便利
福島空港	0247-57-1511	JR郡山駅から車（バス）で約40分
仙台空港	022-382-0080	北京、ホノルルなど8都市に運航。更衣室有
新潟空港	025-275-2633	海外7都市に運航。空港で携帯電話の充電可
名古屋空港	0568-29-0765	海外29都市に運航。名古屋市内からバスで約30分
富山空港	076-495-3100	JR富山駅とJR高岡駅からバスが出ている
小松空港	0761-21-9803	ソウルに運航。JR金沢駅から車（バス）で約40分
岡山空港	086-294-1811	JR岡山、倉敷、津山駅からバスが出ている
広島空港	0848-86-8151	ホームページの発着情報は10分毎に更新
高松空港	087-835-8110	ソウルに運航。JR高松駅からバスで約40分
松山空港	089-972-5600	ソウルに運航。JR松山駅からバスで約20分
米子空港	0859-45-6123	ソウルに運航。JR米子駅からバスで約25分
福岡空港	092-483-7007	海外25都市に運航。JR博多駅まで地下鉄で約5分
長崎空港	0957-52-5555	JR長崎駅からバスで約50分。船も出ている
大分空港	0978-67-1174	空港と大分市間はホバークラフトで約25分
宮崎空港	0985-51-5114	JR宮崎駅と宮交シティからバスが出ている
鹿児島空港	0995-58-2740	空港とJR西鹿児島駅間のバスは約10分おき
那覇空港	098-840-1179	国際線と国内線は同じ敷地内だが、建物は別
羽田空港	03-5757-8111	国際線は韓国の金浦空港以外チャーター便のみ運航

※空港内の地図は、頼めばファックスで送ってもらえます。

はじめての海外旅行

2章

機内で

● 機内であると便利なもの

アイマスク	機内で周りの光が気になる人にはおすすめ
エアピロー	機内で寝るときに首がラク
耳せん	機内は意外とさわがしいので、あると便利
スリッパ	足の疲れ・むくみ対策に
足置き	足の疲れ対策に。厚みのあるもので代用可能
のどあめ	機内はたいへん乾燥する。のどの乾燥対策によい
リップクリーム	唇の乾燥対策に役立つ
メイク落とし	ウェットティッシュタイプの拭取り用が便利
ハミガキセット	食事後や起きたときに磨くとさっぱりする
メガネ	コンタクトの人も機内ではメガネのほうが疲れない
目薬	目の乾燥・疲れ対策になる
長袖上着・替えズボン	意外に冷えることもある。ゆったりした服を選ぶ

機内の設備

機内の座席まわりには、たくさんのスイッチやサインがあります。使い方を知っておきましょう。

座席に着いたら

座席に着いたら、まず荷物を荷物棚に入れます。カメラやパソコンなど壊れやすいものは、前の座席の下へ入れましょう。筆記具など機内で使うものは、座席前のポケットに入れておくと便利です。

お役立ち英会話

- 私の席はどこですか？
  ウェアリズ マイ シーッ（**ト**）
  Where is my seat?
- 枕（毛布）をください。
  メイ **アイ** ハヴ ア **ピロ**ー（**ブランケッ**）**プリーズ**
  May I have a pillow(blanket), please?
- ＜機内食で＞ 牛肉（魚）のほうをもらいます。
  アイル テイク ビーフ（**フィッシュ**）**プリーズ**
  I'll take beef (fish), please.
- 席を倒していいですか？
  メイ **アイ** プット マイ **シート バック**
  May I put my seat back?

※太字部分は強く発音する

座席まわりの設備

荷物棚
飛び出してくるおそれがあるので開けるときは注意。

ベルト着用サイン
禁煙サイン

読書灯ボタン
チャンネル・音量
イヤホン差し込み口
乗務員呼び出しボタン

背もたれを倒すボタン
荷物は前の座席の下へこのように入れる

テーブル
イヤホン　機内誌

トイレを利用する

トイレは離着陸時や揺れが激しくシートベルト着用サインが出ているときには使用できません。席を立つために隣の人に迷惑をかけるときは、必ず「失礼（またはエクスキューズミー）」と声をかけましょう。

トイレの表示とサイン

●トイレの表示

LAVATORY

ラヴァトゥリーと読む。場所を聞くときは「トイレット？」も通じます。

●ドアのサイン

空き
VACANT
OCCUPIED
使用中

トイレに行く前にはサインを確認。OCCUPIED（オキュパイド）のサインが点灯していないときに行きましょう。

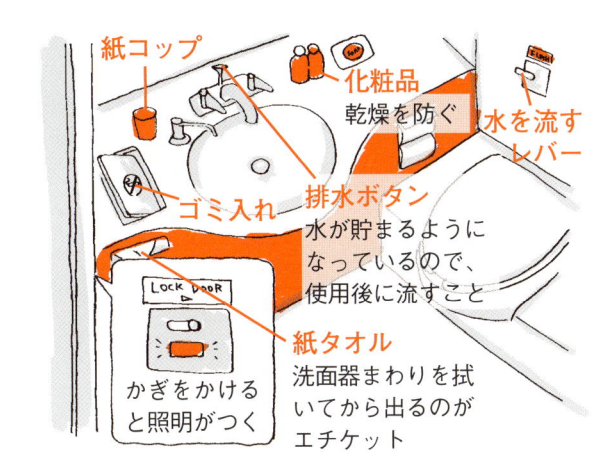

機内での喫煙は厳禁！飛行機が引き返すこともあるよ。

紙コップ
化粧品　乾燥を防ぐ
水を流すレバー
ゴミ入れ
排水ボタン　水が貯まるようになっているので、使用後に流すこと
かぎをかけると照明がつく
紙タオル　洗面器まわりを拭いてから出るのがエチケット

離着陸時の注意点

離着陸時には、安全のために次のことを必ず守りましょう。バッグの中の携帯電話やパソコンの電源を切るのも忘れずに。

| テーブルを元に戻す | 背もたれを戻す |
| 電子機器の電源を切る | シートベルトを締める |

機内でのすごし方

機内では、これからの楽しい時間に備えて、ゆっくり休むことを心がけましょう。

サービスを利用する

機内では、次のようなサービスが行われます。上手に利用して快適な時間をすごしましょう。

- 映画の上映
- 食事・飲み物のサービス 
- 免税品の販売 
- 新聞・雑誌 

機内食（エコノミークラスの例）

アルコールは有料の場合もある。気圧の関係で、地上の倍は酔いが回りやすいので注意。

配膳は乗務員が順番に行うので、席で待つ。食べずに眠りたいときは起こさないように伝えておく。

ソフトドリンクは無料。おかわり自由。

肉か魚を選ぶことが多い。早めに品切れになることもあるので、どちらか食べられないときは早めに乗務員に伝える。

宗教上、健康上の理由で食事に条件がある人は、乗る前に航空会社に相談してね。

●覚えておきたい英単語

魚	Fish（フィッシュ）
肉	Meat（ミート）
鶏肉	Chicken（チキン）
牛肉	Beef（ビーフ）
豚肉	Pork（ポーク）
毛布	Blanket（ブランケット）
箸	Chopsticks（チョップスティックス）

快適にすごすコツ

機内はとても乾燥します。リップクリームなど、乾燥を防ぐものがあると便利です。また、睡眠をとるときは、アイマスクなどの睡眠グッズが役立ちます。映画を見たり、本を読んだり、睡眠をとったりしてゆっくりすごし、身体を休めましょう。

睡眠スタイルの例 
- アイマスク
- ドーナツ型エアピロー
- 耳栓
- 枕
- 毛布
- スリッパ
- 足置きになるようなものをおくとラク

● エコノミークラス症候群に注意

エコノミークラス症候群とは、足の静脈にできた血の固まりが立ち上がった拍子に血管内を移動し、肺に詰まって呼吸困難をひきおこす症状のこと。予防には次のような方法があります。

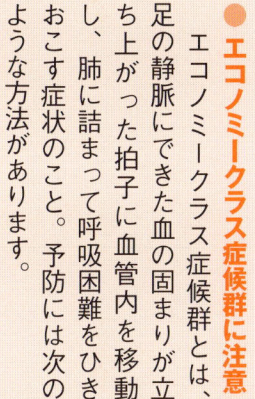

・水を飲む 
アルコールやコーヒーは飲みすぎないこと。

・ゆったりした服装 
ウエストを締めないもの。靴を脱ぎ、あたたかい靴下を履くとよい。

・身体を動かす

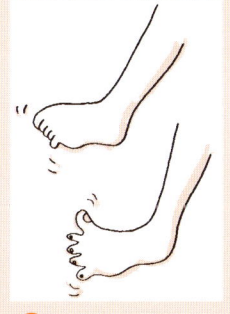

❶ 足の指を閉じたり開いたりする。

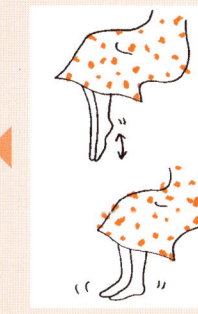

❷ つま先を床につけ、かかとを上下に。

❸ ひざを手で抱え、足首を回す。

序章　旅の準備
1章　出発空港で
2章　機内で
3章　到着空港で
4章　ホテル

入国準備をする

到着が近くなると乗務員が入国カードと税関申告書を配ります。どちらも入国手続きで必要です。もれなく記入しましょう。ローマ字の活字体で書き、サインはパスポートと同じサインをします。

わからないところは、乗務員やツアーの添乗員に教えてもらいましょう。

ペンがないときは乗務員に借りられる。

税関申告書

アメリカの例。免税品や現金の持ち込み制限枠、持ち込み規制品は、国ごとにちがう。制限範囲以内であれば「NO（いいえ）」に印をする。

入国カード

上記は、アメリカの例。どの国に入国するときにも、滞在先の住所を尋ねる項目があるので、滞在予定のホテルの連絡先を書いた紙は、取り出しやすいところにしまっておくとよい。

はじめての海外旅行

3章 到着空港で

● 現地に到着したら必要なもの

パスポート／入国カード	入国審査で必要。入国カードは機内で記入する
荷物引換証	預けた荷物が出てこなかった場合に必要になる
現地の通貨	タクシーに乗ったり電話するときに必要。空港で両替できる
滞在先の名前や住所	出迎えがある場合にも、念のため持っておきたい

現地に着いたら

飛行機を降りて入国手続きをします。滞在先の住所・連絡先を控えておき、すぐ出せるところにしまっておきましょう。

❶ 飛行機を降りたらImmigration（イミグレーション）の表示にしたがって進む。

▼

❷ 入国審査を受ける。パスポートと入国カードを提示し、入国スタンプを押してもらう。

▼

❸ 自分が搭乗した便名の表示が出ている荷物受け取りテーブルから、荷物を受け取る。

▼

❹ 税関申告をする。申告品がない場合はそのまま通過する。

入国審査

入国審査では、係員から英語で質問をされます。まず「ハーイ（こんにちは）」とあいさつを。質問内容はたいてい滞在目的、滞在日数、滞在場所の3つ。ツアー客も、ひとりずつ審査を受けます。

「Immigration イミグレーション」の表示を目指して向かう。

1 外国人用（Non-Residents）のブースに並ぶ。

2 審査官の質問に答える。パスポートにスタンプが押され、出国カードと共に返される。

※いったん返された出国カードはなくさないように！

お役立ち英会話

★は相手からの質問文です

★ 旅行の目的はなんですか？
ワッツ ザ パァーパス オブ ユア ヴィジット
What's the purpose of your visit?

● 観光です。
サイトスィーイング
Sightseeing.

★ 何日間滞在しますか？
ハウ ロング ウィリュー ビー スティング ヒア
How long will you be staying here?

● 4(7)日間です。
フォー(セヴン) デイズ
Four (Seven) days.

預けた荷物の受け取り

Baggage Claim（英語で、荷物受け取りのテーブルのこと）と書かれた表示に従って進み、自分の乗ってきた飛行機の便名が表示された受け取りテーブルの前で、荷物が出てくるのを待ちます。

万一荷物が破損していたり、出てこなかったときは、荷物の引換証を見せて、すぐに航空会社の係員に問い合わせましょう。

自分の乗ってきた便かどうか、掲示板で確かめること。

1
ベルトコンベアに乗って、荷物が流れてくる。取り損ねてもまた回ってくるのであわてないこと。

2
自分の荷物を持って、税関へ移動する。

※カートの使い方は99ページ

税 関

税関のカウンターに移動して、税関申告書を提出します。質問もされずに通ることもあれば、荷物を開けられて検査を受けることになる場合もあるので、対処できるようにしておきましょう。

「税関申告書とパスポートを用意する。」

「質問には、てきぱきと答える。」

「カギは、すぐ出せるところに出しておく。」

◀︎ 荷物がなかなか出てこないトラブルは**109**ページへ

到着ロビーで

出迎えの人は、到着ロビーで待っています。白タクなどの客引きに声をかけられたらはっきり断りましょう。

迎えの人と会う

ツアーの現地係員は、名前やツアー名を書いたプラカードを持って立っているので、たいていすぐわかります。もし会えなかったら、緊急連絡先に電話しましょう。

> 緊急連絡先やホテルの名前、住所は必ず控えておこう。

出発前に名前や特徴を確認しておくと安心。

ニセ出迎えによる犯罪も多い。あやしいと思ったら旅行会社に電話して確かめる。

名前やツアー名を書いたプラカードを持っている。

ツアーのバッジやシールは、目立つところにつけておく。

空港ですませておくこと

● 両替

街までの交通費やチップ代など、小銭が必要になるので、当面必要な額を両替しておくとよいでしょう。

● 帰国便の予約の再確認

英語でリコンファームといいます。うっかり忘れると予約を取り消されてしまうこともあります。入国時に、航空会社のカウンターですませておくと安心です。ツアーなら添乗員がしてくれます。

「リコンファーム　プリーズ」と言って航空券を提示する。

◀︎||| 両替の手順は **67**ページへ

ホテルに向かう

ツアー旅行なら、添乗員や現地係員がホテルまで案内してくれますが、個人旅行の人は、自分で交通機関を利用して目的地まで移動します。

観光案内所を利用しよう

ホテルまでの交通機関や乗り場がわからないときは、観光案内所でたずねます。街の地図や路線図が置いてあり、宿の紹介や予約もしてくれます。

観光名所、交通機関、宿泊施設、日帰りのツアーの情報を入手できる。空港から市街までのタクシーの料金も教えてくれるので参考にしよう。

ホテル・市内への交通機関

タクシー
正規の乗り場から乗車します。到着ロビーで声をかけてくる白タクには乗らないこと。

ホテルの送迎バス
宿泊客を無料で送迎してくれます。予約時に送迎バスがあるかどうか確認しましょう。

電車・地下鉄
どこの空港にもあるわけではありませんが、渋滞もなく安く、目的地に着けます。

リムジンバス
たいてい空港のそばに乗り場があります。切符の購入方法は観光案内所で確認を。

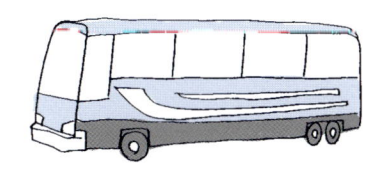

◀ 乗り物については**68**ページへ

乗り継ぎをする

途中の空港で他の飛行機に乗り換えたり、給油のために途中の空港に寄る際に飛行機を一時降りるときの手順です。

ある都市でほかの飛行機に乗り換える

1 荷物を全部持って、飛行機を降りる

2 TRANSFERの表示に従って進む

3 再チェックイン。搭乗までロビーで待つ

4 ゲートを移動して搭乗する

給油や食料補給のための一時寄港で飛行機を降りる

1 貴重品のみ持って飛行機を降りる

2 TRANSITの表示に従って進む

3 ロビーで待つ　免税店で買い物もできる

4 指定のゲートから搭乗

はじめての海外旅行

4章

ホテル

●宿泊の際にあると便利なもの

パジャマ	海外のホテルでは、浴衣は用意されていない
日本食	インスタントみそ汁、梅干し、携帯用醤油など
変圧器・プラグ	国ごとに電圧やプラグが違うので、事前に調べておく
ペンライト	突然の停電や夜間外出するときなどに役立つ
裁縫用具	ボタンがとれたときや裾がほつれたときに便利
ガムテープ	荷物の梱包、洋服のホコリ取りにと大活躍
湯沸かし器	お湯は頼めばもらえるが、頼むのが面倒な人向け
入浴剤	お湯をためて入浴剤を入れれば、疲れもすっきり
リンス	シャンプーはあるが、リンスはないことが多い
洗濯洗剤	くつ下、下着などの洗濯用に持参する
湿布薬	足の筋肉痛、疲れにとても効果的
爪切り	1週間以上の旅行なら持って行こう
歯ブラシセット	ホテルに用意されていないこともある

ホテルに着いたら

ホテルへの到着時間が遅れるときは、かならず連絡を。連絡しないと予約が取り消されることもあります。

受付で

ホテルに到着したら、まずは受付に行ってチェックインします。ツアーなら添乗員が代行してくれます。もし、予約が入っていないと言われても、予約確認書があればだいじょうぶです。予約確認書がない場合は、新しく探さなければならないこともあります。

ホテルで使う英単語

Reception（レセプション）
受付・フロントのこと。受付や会計を行う。

Check in（チェック　イン）
ホテルに泊まる際の手続きのこと。

Luggage（ラゲッジ）(英)／**baggage**（バゲッジ）(米)
荷物。チェックイン前や最終日に預かってもらう際に必要な単語。

Safety Box（セイフティ　ボックス）
貴重品を預ける箱。

チェックイン～部屋に着くまで

1　受付をする
予約してあることと名前を告げます。

2　宿泊カードを書く
渡された宿泊カードに、名前や住所をローマ字で記入します。

3　部屋のカギを受け取る
カギを渡されます。パスポートを提示しますが、たまに一晩預けることもあります。

4　部屋に移動する
荷物はベルボーイが運んでくれるのでチップを払います。

荷ほどきの前に

荷物をとく前に部屋の設備や使い方を確認し、不備があればすぐに受付に連絡します。非常口の確認も忘れずに。

部屋を確認するときは

- 電化製品は壊れていないか
- カギはきちんとかかるか 
- タオルや石けんはあるか 
- 水、お湯は出るか 

カードキーの使い方

❶ ドアの差し込み口にカードキーを差し込む。

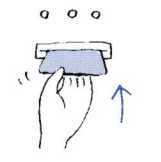

❷ 青ランプがついたら、ドアのカギがあく。ノブを回してドアを開ける。

❸ カギ受けにカードキーを差し込むと電気がつくようになっているホテルもある。

> カードキーは紛失や盗難に配慮して、部屋番号を書き込まないようにね。

お役立ち英会話

- お湯が出ません
  ゼアーズ ノー ホッウォーラー
  There's no hot water.
- 電気がつきません。
  ザ ライト ダズンッ ワーック
  The light doesn't work.
- バスタオルがほしいのですが。
  アイド ライク ア バス タウォル
  I'd like a bath towel.
- 部屋をかえてください。
  プリーズ チェンジ ザ ルーム
  Please change the room.

序章 旅の準備
1章 出発空港で
2章 機内で
3章 到着空港で
4章 ホテル

部屋のしくみと使い方

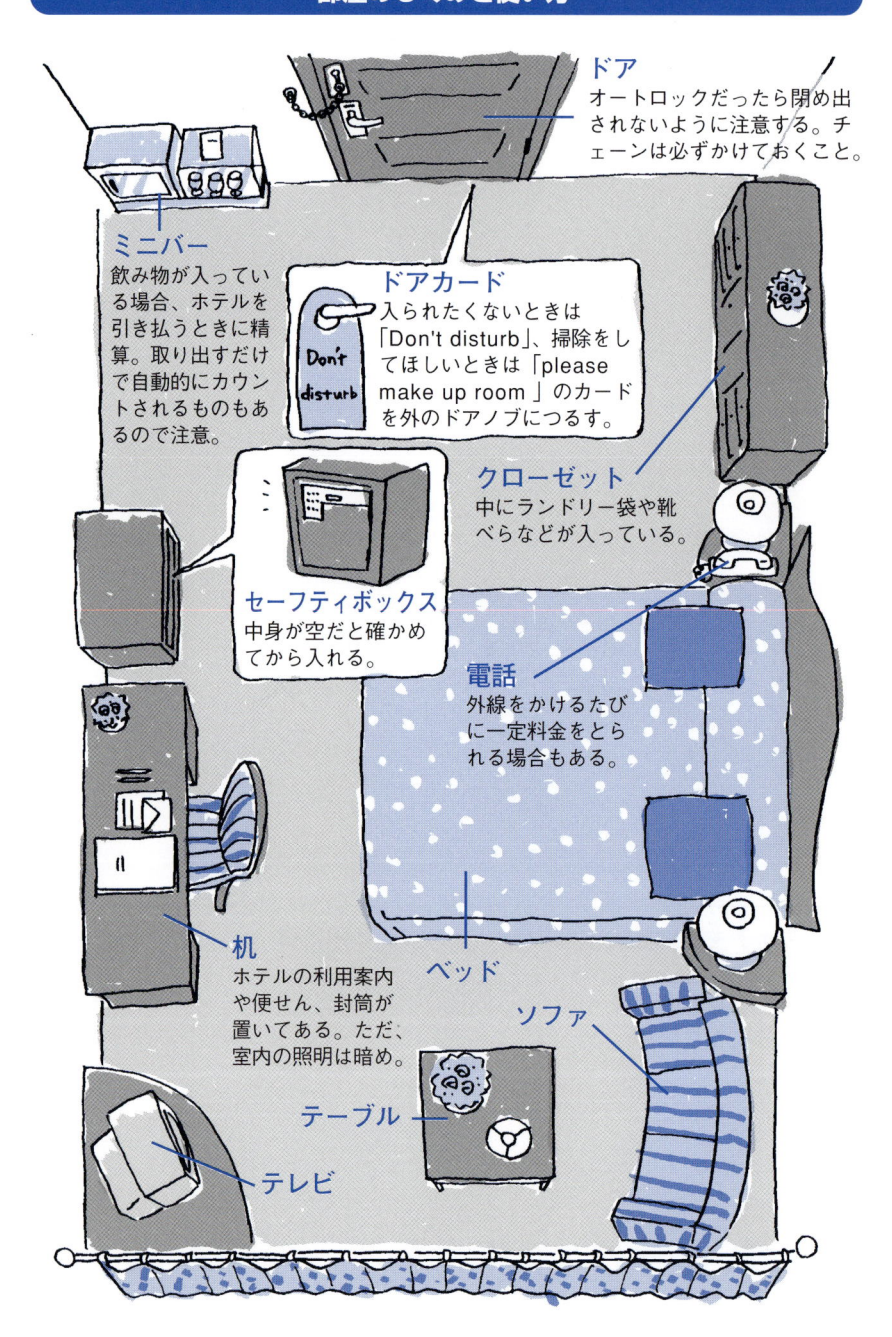

ドア
オートロックだったら閉め出されないように注意する。チェーンは必ずかけておくこと。

ミニバー
飲み物が入っている場合、ホテルを引き払うときに精算。取り出すだけで自動的にカウントされるものもあるので注意。

ドアカード
入られたくないときは「Don't disturb」、掃除をしてほしいときは「please make up room」のカードを外のドアノブにつるす。

クローゼット
中にランドリー袋や靴べらなどが入っている。

セーフティボックス
中身が空だと確かめてから入れる。

電話
外線をかけるたびに一定料金をとられる場合もある。

机
ホテルの利用案内や便せん、封筒が置いてある。ただ、室内の照明は暗め。

ベッド

テーブル

ソファ

テレビ

バス・トイレのしくみと使い方

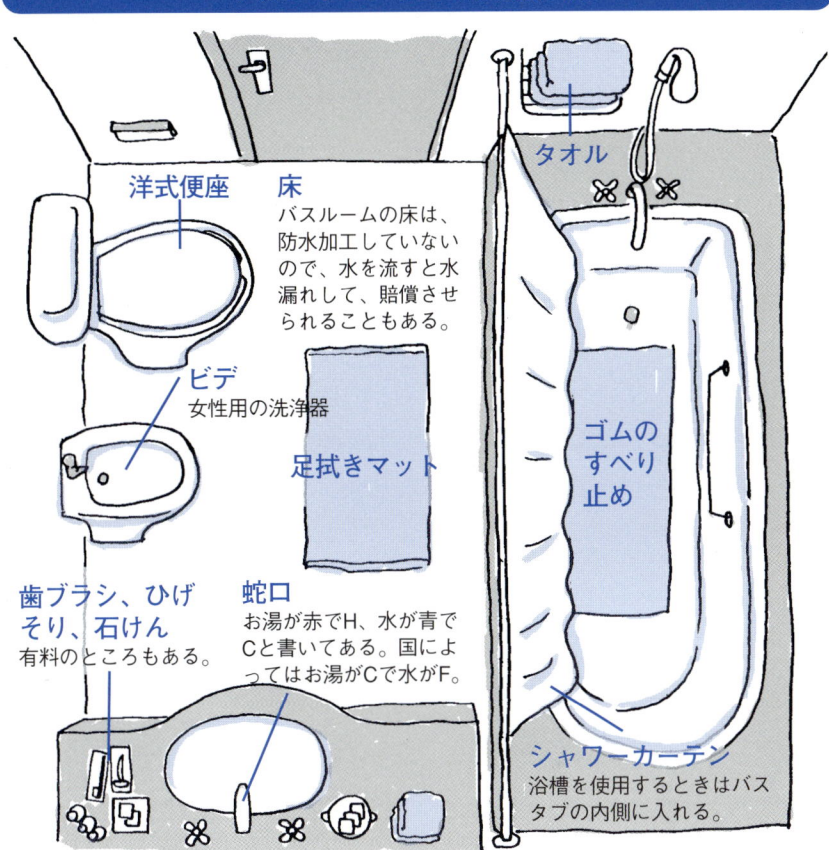

洋式便座

床
バスルームの床は、防水加工していないので、水を流すと水漏れして、賠償させられることもある。

ビデ
女性用の洗浄器

タオル

ゴムのすべり止め

足拭きマット

歯ブラシ、ひげそり、石けん
有料のところもある。

蛇口
お湯が赤でH、水が青でCと書いてある。国によってはお湯がCで水がF。

シャワーカーテン
浴槽を使用するときはバスタブの内側に入れる。

バス・トイレ使用の注意

蛇口で湯温を調整してからシャワーに切り替える

浴槽から水をあふれさせない

ビデで洗濯などをしない

ホテルのサービス

お願いごとをするたびに、チップを忘れないようにしましょう。ホテルの義務的な事柄には必要ありません。

ホテルの主なサービス

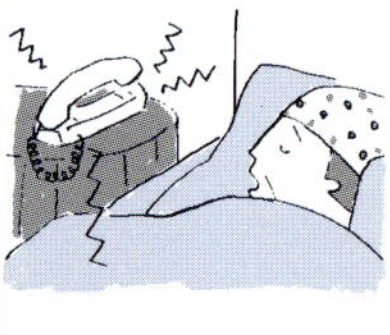

モーニングコール
起こしてほしい時刻に電話で起こしてくれる。

ドクターサービス
具合が悪いとき、医者を呼んでくれる。

ランドリーサービス
洗濯(有料)。クリーニングではなくランドリーと言う。

ルームサービス
食事を部屋まで運んでくれる(有料)。

貴重品預かり
ホテルの金庫で貴重品を保管する。

案内、予約、両替
切手、チケット、レストランの予約や手配、両替など。

ルームサービスを頼むなら

❶ 部屋にあるメニューを見て、電話で注文する。

❷ 運ばれて来たらチップを渡す。

夕食の手配を頼むなら

❶ コンシェルジュに相談し、日時や店、人数の希望を伝える。

❷ 予約がとれたら、チップを渡す。

※食べ終わったら、食器を廊下に出しておいてもよい。

朝食をとるときは

朝食付きツアーは、ホテル内のレストランで朝食をとります。通常、ビュッフェ形式（バイキングは日本での通称）が多くなります。

❶ クーポンか部屋のカギを提示して入店する。

❷ 自分で料理を取る。貴重品は携帯すること。

❸ 自分が取った料理は食べ残さないのがマナー。

❹ 食べ終わったらお皿はそのままで席を立つ。

卵の調理法

- 目玉焼き　ア サニイサイダッ　a sunny-side up
- いり卵　ア スクランブゥ エッグ　a scrambled (egg) 
- ゆで卵　ア ボイルド エッグ　a boiled egg 

チップの作法

■ チップの渡し方

チップは頼んだ仕事が終わったときに直接手渡せばよいのですが、部屋を清掃するルームメイドへのチップは、枕元に置いておきます。ツアーの場合は、まとめて払うこともあるので、添乗員に確認しましょう。

■ チップの額の目安
（欧米の例。国やサービス内容により異なる）

ルームメイド
1回の清掃につき100円程度。

ベルボーイ
荷物を運んでもらったら100円程度。

コンシェルジュ
予約や手配の難易度に応じて。

ルームサービス
1回につき100円程度。

◀ タクシーのチップは**69**ページ、レストランのチップは**79**ページへ

日本への電話・郵便

最近は海外との電話や郵便が便利になっていますが、国や地域によってはあまり郵便事情のよくないところもあります。

日本への電話

国際電話をかける方法には、自分で直接かける通話と、オペレーターにつないでもらう通話があります。

●直接かける

ホテルの部屋や公衆電話から、海外の相手に直接電話をかけることができます。

アメリカから東京 03-1234-5678にかける場合

011 - 81 - 3 -
 ①   ②   ③
12345678
 ④

① 滞在国の国際電話認識番号
② 国番号（日本なら81）
③ 市外局番から0をとった番号
④ 相手の電話番号

●プリペイドカードで直接かける

普通にかけるよりも安くかけられるのがプリペイドカードを使った通話です。日本で購入するカードと海外で売っているカードがありますが、使い方はほぼ同じ。電話口に差し込むのではなく、カードに書かれた番号に電話をして、指示に従って暗証番号と相手の電話番号をダイヤルします。公衆電話やホテルからかけても通話料はかかりません。

※かける手順は国によって異なるので、利用説明書をなくさないように。

日本で購入するカード

海外で売っているカード

●オペレーターを通してかける

値段はプリペイド通話の約3倍で、以下の3種類があります。

① 番号通話（Station call ステイションコール）
相手の電話番号のみを指定する。

② 指名通話（Personal call パーソナルコール）
相手の電話番号と名前を指定する。不在なら料金はかからない。

③ コレクトコール（Collect call コレクトコール）
通話料金は電話を受けた側が払う。

※ほかにもKDDIのジャパンダイレクトなど、日本の電話会社を通した通話方法があります。詳細は電話会社に問い合わせをしてください。

ホテルの部屋からかけるなら

最初に0や9などの外線番号（ホテルにより異なる）を押します。手数料がかかることもあります。

日本への郵便

到着が早い順にエクスプレス・メール・サービス（EMS）、航空便（Air）、船便（Surface）があります。船便は日数がかかりますが、値段はもっとも安くなっています。

● ハガキや封書を出す

- 切手は郵便局やホテルのフロントで買える
- 宛て先は日本語でよい
- 投函は…
  - 郵便局
  - ポスト
  - ホテルの受付
- AIRMAIL（航空便）と赤で書く
- JAPANは大きくはっきりと書く

航空便はエアメールと言えば通じるよ。

● 小包を送る

- 差出人の氏名と住所
- AIR MAIL（航空便）かSEA MAIL（船便）と赤で大きく書く
- 投函は…
  - 郵便局
- 梱包は自分で行うことが多いが、郵便局が有料でやってくれる国もある（タイや韓国など）。
- 宛て先は日本語とローマ字の両方で書いておくと安心。

● 英語で住所を書くときは

〒123-4567
東京都新宿区四谷1丁目○-×
山田太郎様　と書く場合

```
TO
Mr. Taro Yamada
○-×, Yotsuya 1 chome
Shinjuku-ku, Tokyo
123-4567, JAPAN
```

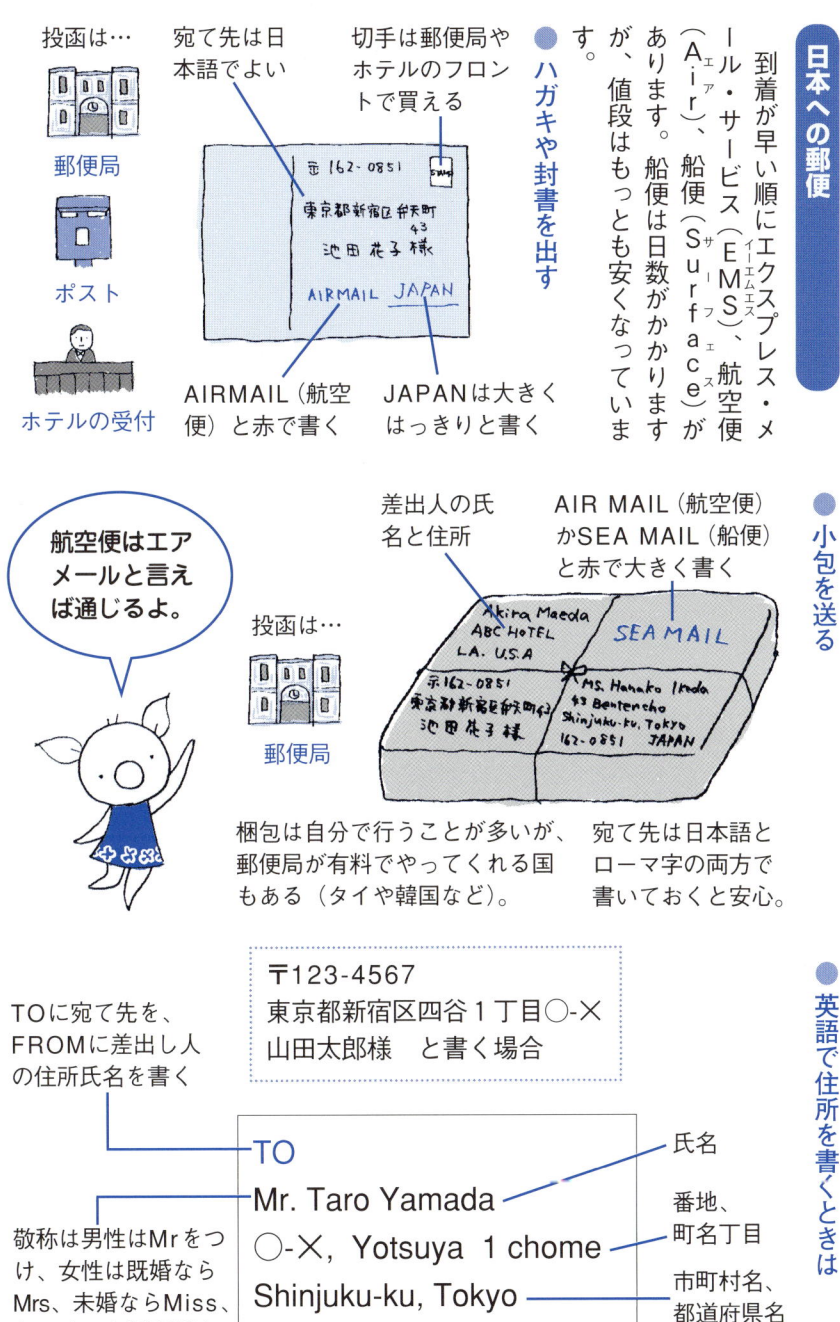

- TOに宛て先を、FROMに差出人の住所氏名を書く
- 敬称は男性はMrをつけ、女性は既婚ならMrs、未婚ならMiss、もしくは未婚既婚を問わないMsをつける
- 氏名
- 番地、町名丁目
- 市町村名、都道府県名
- 郵便番号、国名

部屋を引き払う

部屋のカギを返却し、精算することをチェックアウトといいます。忘れ物をしないよう、室内をよく点検しましょう。

受付で

通常、出発日の昼までにチェックアウトしますが、早朝出発なら前日の夜にすませることもできます。精算後も、半日くらいなら荷物を預かってもらえます。ツアーの人もチェックアウトは各自で。集合時間に遅れないよう早めにすませましょう。

1 ベルボーイを呼び、荷物を受付まで運んでもらう。

※深夜・早朝やアジアでは自分で運ぶことも多い。

2 カギを渡してレシートをもらい、お金を払う。

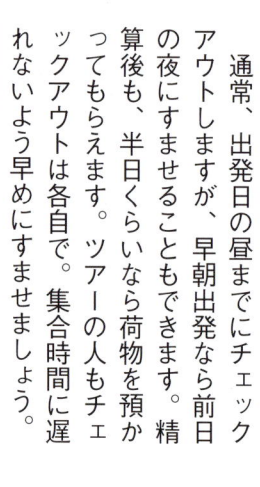

> ホテルに預けた貴重品を忘れないように！

レシートはしっかり確認

```
           Hawaian Resort Hotel
                        999 South Marine St
 NAME AND ADDRESS       Waikiki Hawaii××××
 SATO/MR TOSHIKI        Tel:(801)649-××××
 SATO/FAMILY            Fax:(801)649-××××

 ROOM#                  0701
 NO.IN PARTY            4 AD  0CHD
 CREDIT CARD INFORMATION EXP
 ARRIVAL DATE           09/02/03
 DEPARTURE DATE         09/06/03
 ADDITIONAL INFORMATION NW×××/NW×××

          SUMMARY OF CHARGES
 DATE     Description              Total
 09/02/03 LC 477-6871 L   19:06 4   0.50
 09/03/03 Mini-Bar #11433          29.00
 09/04/03 LC 687-7756 L   10:00 1   0.50
 09/05/03 Mini-Bar #11702           3.00
 09/06/03 Restaurant Charge #5971  43.98
 Tax      11.41%                    8.78
 Total                             85.76

 Guest Signature:
```

- 部屋の番号、名前は正しいか
- 宿泊日数は正しいか
- 電話料金は正しいか
- ミニバー使用代は正しいか
- 使用していないサービスの代金が加算されていないか
- 合計金額は正しいか

◀ クレジットカードでの支払いは**88**ページへ

はじめての海外旅行

5章

街歩き

●持ち歩きたいもの

パスポート	携帯するのが心配なら、ホテルのセーフティボックスに預けておいた方がよい
現金・クレジットカード	チップや交通費のために小銭も用意する
ホテルカード	ホテルのフロントでもらえる
筆記具	ペンとメモ帳を用意する
地図・ガイドブック	地図は現地語のものがあるとよい

●あると便利なもの

帽子・サングラス	日ざしが強い季節や国では必需品
雨具	レインコートや折りたたみ傘があると便利
便座除菌クリーナー	公衆トイレを使用する際に役立つ
ミネラルウォーター	自動販売機は多くないので、あると便利
ティッシュペーパー	トイレットペーパーがないトイレも多い
カメラ	高価なカメラは盗難にあいやすいので要注意

街歩きの準備

外国の街を歩くのは楽しいものですが、迷ったり盗難などのトラブルにあう危険もあります。しっかり対策をして出かけましょう。

服装と持ちもの

街歩きには、動きやすい服装で、荷物も最小限にしましょう。かならず携帯してほしいのが、ホテルの名前や住所、電話番号、地図などの書かれたホテルカード。ホテルのフロントでもらえます。

道に迷ったときのために

■ **持っておきたいもの**
ホテルカード、地図

■ **もし迷ったら**
タクシーに乗ってホテルまで連れて行ってもらいましょう。

- 日よけの帽子をかぶる。
- バッグはたすきがけがよい。ウエストポーチやリュックは狙われやすい。バッグを上着の下にかけるのも有効。
- パスポートや現金は貴重品入れに。現金は小分けにする。
- 地図は、目的地やホテルに印をつけておくと便利。
- 靴はかかとが低く履き慣れたものを。
- ミネラルウォーター
- ゆびさし英会話
- カメラ
- ホテルカード
- 筆記用具
- ティッシュペーパー

両替する

銀行、ホテル、空港など、現地での支払いは現地通貨で行います。両替には、毎回手数料がかかります。

両替するときは

両替は、必要なときに必要な額だけ替えるのが基本です。両替場所によってレートや手数料が異なるので、できるだけレートの高いところを選びましょう。あまったら出国前に再両替できますが、硬貨は再両替できないので、できるだけ使い切るようにしましょう。

両替できるところ

銀行	レートもよく、安心。出かける前に休業日や営業時間を確認したほうがよい。
ホテル	手軽で便利だが、銀行よりはレートが悪く手数料も高いことが多い。
空港	休日や夜も開いていることが多いので便利だが、レートはあまりよくない。

両替の手順とコツ

1 カウンターで申し込む。

2 日本円を渡す。紙幣しか受けつけないことが多い。

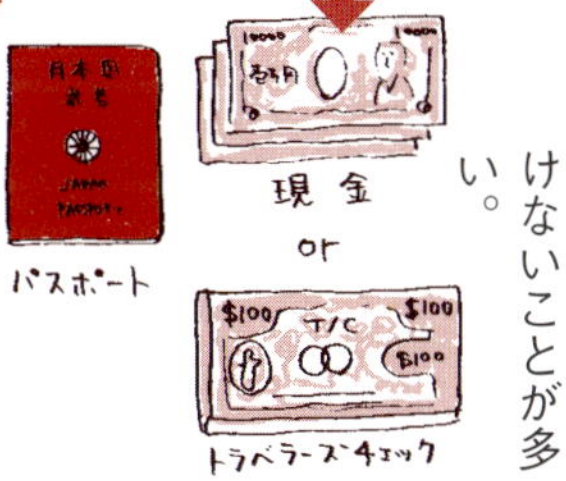

3 現金を受け取り、その場でしっかり数える。

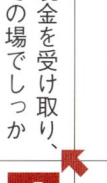

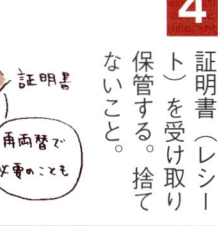

4 証明書（レシート）を受け取り保管する。捨てないこと。

コツ1 一度に多額を両替しない

コツ2 コインや小額紙幣を混ぜてもらう

コツ3 政府公認の両替所で両替をする

章見出し：
- 5章 街歩き
- 6章 ショッピング
- 7章 出国手続き
- 8章 帰国したら
- トラブル対策

乗り物を利用する

諸外国では、時刻どおりに発着しないこともしばしばあります。タクシーでも道路の渋滞を考えて、余裕のある行動を。

鉄　道

ヨーロッパでは鉄道が充実しています。別の都市に移動したり、ちょっと遠出をしたりするのに便利です。利用のしかたは日本とそれほど変わりません。

また、「ユーレイルパス」をはじめとする便利でお得な周遊券が多数用意されています。事前に調べて、上手に活用しましょう。

ユーレイルパスは、期間中ヨーロッパ17か国で全線乗り放題。特急や急行料金も含まれる。

地下鉄・路面電車

地下鉄は、利用方法が日本とだいたい同じで、路線もわかりやすいので、ぜひ利用したいもの。駅や観光案内所で路線図を手に入れ、路線や降車駅の名前をよく確認してから乗りましょう。ただし、スリやひったくりには十分注意してください。

● 地下鉄で気をつけたい行動

夜中に一人で乗らない

居眠りをしない

各国の地下鉄表示

■ **アメリカ**
サブウェイ
SUBWAY

■ **イギリス**
アンダーグランド
UNDERGROUND/
チューブ
TUBE

■ **フランス**
メトロ
METRO

■ **香港**
エムティーアール
MTR

お役立ち英会話

● このバスは〜まで行きますか？
イズ ディス バス ゴーイング トゥー 〜
Is this bus going to〜？

● ニューヨークまで行きたいのですが。
アイド ライク トゥー ゴー トゥー ニューヨーク
I'd like to go to New York.

● 切符はどこで買えますか？
ウェアキャナイ ゲッタ ティケット
Where can I get a ticket?

● 〜で降ろしてください。
プリーズ ドロップミー オフ アット 〜
Please drop me off at〜.

5章 街歩き

市内バス

バスは路線が複雑なうえ、乗り方もさまざまなので、旅行客が乗りこなすのは少々大変です。バスに乗ったら運転手に目的地を告げ、着いたら教えてくれるように頼んでおくとよいでしょう。

● いろいろなバス

- ブザーの形が日本とちがう
- 手をあげないと止まってくれない
- 車掌が運賃を集金に来る
- アナウンスはないことが多い

タクシー

地理がわからない外国では、目的地まで連れて行ってくれるタクシーは大変便利。ただし、トラブルも頻繁に起きているので注意が必要です。また、チップのある国では、タクシーにもチップが必要です。乗る前に小銭を用意しておきましょう。

● 日本のタクシーとのちがい

- 料金の払い方 
  - メーター制
  - 交渉制 
- ドアは手動
- 流しが少ない

タクシーでトラブルにあわないための6か条

ナンバーを控える	メーターを確認する	 無認可タクシーには乗らない
行き先を正確に伝える	 目的地までの相場を調べておく※	夜、一人で乗らない

※タクシーの相場はホテルのフロントで聞くのもよい。

観光を楽しむ

日本を出発する前に、行きたいところや見たいものを決め、下調べをしておくと効率よく回れます。

観光での注意点

■ 宗教や習慣の違いを知る

世界には宗教や生活の違いによってさまざまな習慣や決まりがあります。たとえば、タイでは女性が僧侶に触れることはタブーですし、シンガポールでは道にゴミを捨てると罰金を払わなくてはなりません。このようなちがいを知らないと、悪気はなくても不快感を与えたり、トラブルを引き起こすこともあります。事前に本を読んだり話を聞いたりして、その国を知っておきましょう。

■ 写真を撮るときは

人物の写真を撮るときには、必ず一言断ること。また、撮影禁止の場所やフラッシュ撮影禁止の場所、撮影にお金がかかる場所もあるので、よく確かめてから撮りましょう。

コンサート・劇場
切符は劇場窓口で購入するか、ホテルで頼む。オペラを見に行くときは正装をする。

公園
公園のベンチに座って人や街のようすを眺めながらすごすのも楽しいもの。

ゴルフ
用具のレンタルもできるがサイズが合わないこともある。手袋と靴は持参したほうがよい。

マリンスポーツ
スキューバダイビングなどを気軽に体験できる。用具はレンタル可。

オプショナルツアーに参加する

単独で行動するのが不安という人は、追加料金を払って旅行会社の主催するオプショナルツアーに参加するのもおすすめです。日本語ツアーの申し込みは通常日本で申し込みますが、現地で申し込めることもあります。添乗員やコンシェルジュに相談してみましょう。

お役立ち英会話

● ～はどこですか？
プリーズ テルミー ウェアリズ～
Please tell me where is ～?

● オペラが見たいのですが。
アイドライク トゥー シー アノ オペラ
I'd like to see an opera.

● 切符はとれる（手に入る）でしょうか。
キャナイ ゲッタ ティケット
Can I get a ticket?

● 写真を撮っていいですか？
キャナイ テイク ピクチャーズ
Can I take pictures?

● 私たちの写真を撮ってください。
クッジュー プリーズ テイカ ピクチャー オブ アス
Could you please take a picture of us?

美術館・博物館
出かける前に休館日や閉館時間の確認をする。シニアや学生割引が利用できるところもある。

教会・寺院
宗教的な場所を訪れるときは、服装にも注意が必要。肩やひざの出る服は避ける。

ナイトクラブ
服装に厳しい店もあるので事前に確認をする。現地にくわしい人と行くとよい。

カフェ
街歩きに疲れたらひと休み。セルフサービスならチップは不要。

レストランに行く

食事は旅の醍醐味。おいしいレストランを見つけるには、ホテルのコンシェルジュやガイドの話を参考にして。

❶ 事前に予約をする。入店したら案内にしたがって席へ。

▼

❷ 席に着いたらメニューを見て、料理を注文をする。

▼

❸ 食事を楽しむ。料理を追加したいときにはウエイターを呼ぶ。

▼

❹ 支払いをする。サービス料が入っていなければチップを払う。

高級レストランに行くなら

海外に行ったら一度は高級レストランにも足を運んでみたいもの。高級レストランに行くなら、マナーや服装にも気を配ります。

あらかじめ予約を入れる

女性は膝の出ない服、男性はタイを着用

● 予約のしかた

自分で電話して予約をしてもよいのですが、言葉に自信がない人は添乗員かホテルのコンシェルジュにお願いします。日時、人数、希望の席、予算をきちんと伝え、服装の決まりも確認してもらいましょう。

お役立ち英会話

● 今晩7時に予約をしたいのですが
キャナイ メイカ リザヴェイション アット セヴン トゥナイ
Can I make a reservation at seven tonight?

● 6時に2名です。
フォア トゥー アット シックス ピーエム
For two at six p.m.

● 服装の決まりはありますか？
ドゥー ユー ハヴァ ドゥ レス コード
Do you have a dress code?

● 予約した田中です。
アイ ハヴァ リザヴェイション
マイ ネイム イズ タナカ
I have a reservation. My name is Tanaka.

店に入ったら

1 受付か入口近くにいる人に、予約してあることと予約の名前を告げる。

2 荷物や上着を預け、席に案内されるまで待つ。

● **席に着いたら**
ウエイターの案内で席へ。最初にウエイターが椅子をひいてくれた席が上座で、女性が座ります。案内された席が気に入らなければ、その場で替えてもらいましょう。

メニューを持って来てくれたウエイターがテーブルの担当。

腰かけるときは、いすの左側から座る。

ナプキンは、飲み物が来たらひざの上に。

フォークやナイフの位置を勝手に動かさない。

バッグは背といすの間か、少し大きめなら右側の足元に置く。

自分で勝手に好きな席に座ってはだめだよ。

5章 街歩き
6章 ショッピング
7章 出国手続き
8章 帰国したら
トラブル対策

注文をする

メニューから選ぶ

メニューは前菜、スープ、メイン、デザートなどに分けて表記されています。日本より量が多いので、小食の人は前菜かスープ、メイン、デザートの3品だけでもよいでしょう。

食前酒の注文を聞かれたら

席に着いたら飲み物の注文を聞かれます。食前酒を頼めばよいのですが、お酒が苦手な人はジュースや水でもかまいません。ちなみに外国では水も有料です。

水は炭酸ガス入りのものがあるので、ガスの入っていない水は、「ウィズアウト ガス プリーズ」と頼む。

メニュー選びに役立つ英単語

■ 食前酒 Aperitif（アペリティフ）
シャンペン champagne（シャンペイン）
シェリー sherry（シェリィ）

■ 前菜 Hors d'oeuvre（オードブル）
エビのあえもの Shrimp Cocktail（シュリンプカクテル）
串焼き skewer（スキュワー）
テリーヌ terrine（テリーン）

■ スープ Soup（スープ）
コンソメ consomme（コンソメイ）

■ サイドメニュー Side Dishes（サイド ディッシーズ）
ソースを加えて焼いたもの scalloped（スカロップト）
詰めもの stuffing（スタッフィング）
耐熱皿で料理したもの casserole（キャセロール）

■ 主菜 Main Course（メイン コース）
牛肉 beef（ビーフ）
豚肉 pork（ポーク）
鶏肉 chicken（チキン）
仔羊 lamb（ラム）
ヒレ肉 filet（フィレ）

カニ crab（クラブ）
カキ oyster（オイスター）
ムニエルにした meuniere（ムゥニエル）
さっと炒めた sauteed（ソウティード）
オーブン焼きの baked（ベイクト）
網焼きの grilled（グリゥド）
蒸した steamed（スティームド）
生の魚 raw-fish（ロウフィッシュ）

■ その他
おかゆ risotto（リゾット）
餃子 Dumpling（ダンプリング）
グラタン Gratin（グラートゥン）
平麺 Fettuccini（フェトチーニ）

■ デザート Dessert（デザート）
プリン creme caramel（クレームキァラメル）

■ 飲みもの Beverage（ビバレッジ）
ビール beer（ビヤー）
ワイン wine（ワイン）
アルコールなし Non-Alcohol（ノンアルコホウル）
コーラ coke（コーク）

渡されたメニューを見て、料理を注文します。わからないことは何でもウエイターに相談をしましょう。

注文する

注文は、必ず自分のテーブルの担当のウエイターに頼みます。希望のメニューを指さしながら注文すると間違いがないでしょう。ステーキを注文したら、焼き方を聞かれます。デザートは、メインの料理を食べ終わってからあらためて注文してかまいません。

肉の焼き加減

レア	肉の1/3程度を焼く
ミディアム	肉の1/2程度を焼く
ウェルダン	よく火を通して焼く

● 頼むものに迷ったら

周りと同じ物を頼む　　おすすめ料理を頼む　　コースを頼む

● ツアーの人は

ツアーで食事つきの場合、たいていメニューが決められています。団体旅行なので、決められた食事を食べたほうがよいのですが、嗜好や体調の関係で別のものが食べたいというときは、あらかじめ添乗員に相談しておくと変更できることもあります。ただし手数料や差額の実費がかかることがほとんどです。

お役立ち英会話

● これはどんな料理ですか？
ワッカインドブ ディッシュ イズ ディス
What kind of dish is this?

● あれと同じ料理をください。
キャナイ ハヴ ザ セイム ディッシュ アズ ザット
Can I have the same dish as that?

● おすすめは何ですか？
ワッドゥー ユー ウィコメン
What do you recommend?

● これをください。
アイル テイク ディス
I'll take this.

● お箸をもらえますか？
ウッジュー ギヴ ミー チョップスティックス？
Would you give me chopsticks?

食事をする

料理はオードブル、スープ、メイン、デザートの順に運ばれてきます。食事のマナーを守って楽しく食べましょう。

食事がきたら

同席の人に配り終えられたら、食事開始です。もし、注文とちがうものが出てきたら、その場でウエイターに伝えて、替えてもらいます。

また、食べ方がわからないものが出てきたら、遠慮なくウエイターに質問をしましょう。親切に教えてくれるはずです。

食事の途中で、テーブル担当のウエイターがテーブルに来て、料理の感想を求めます。にっこり笑顔で「グッド」または「デリシャス」と答えましょう。

> 欧米の格式ある店では箸を用意してないことも多いよ。

ナイフ・フォークの使い方

- 外側にあるものから使う 
- 食事中は八の字に 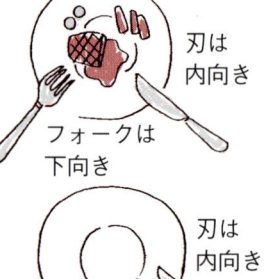
- 食事がすんだら揃えて

刃は内向き / フォークは下向き
刃は内向き / フォークは上向き

デザート用 / スープ用・前菜用・魚用・肉用

ナプキンの使い方

- 飲み物がきたら 
- 途中で席を立つときは  イスの上に
- 食事がすんだら テーブルの上に。軽くたためばよい

折り目が手前 / 二つ折り

食事のマナー

海外のレストランでもリラックスして、食事を楽しむために最低限のマナーやエチケットを知っておきましょう。

洋食のマナー12か条

食事中は音を立てない	パンは一口ずつちぎって食べる	熱くてもフーフー吹かない
口に食べ物を入れたまま話さない	他人の食べている前に手をのばさない	タバコはデザートまで待つ
足を組まない	ウエイターを大声で呼ばない	化粧直しはテーブルでしない
飲み物を注いでもらうとき、グラスに手をかけない	ものを落としたらウエイターに拾ってもらう	げっぷをしない。出てしまったら周囲に「エクスキューズミー」

◆ワインを飲む◆ あなたは㊤派？それとも㊥派？～

● 赤ワイン
赤ワインは、黒ブドウをまるごと使ってつくられています。果皮や種から出る渋みが特徴で、肉料理などの濃い味つけの料理によくあいます。

● 白ワイン
白ワインは、白ブドウの果汁でつくられています。ほのかな酸味と甘味があり、海鮮などの素材の味を生かしたあっさりした料理によくあいます。

● ラベルの見方

- 等級。写真は（ボルドー地方）オー・メドック地区のクリュ・ブルジョワ級
- シャトーのある村
- 格付け。写真は、HAUT-MÉDOCの村名ワインである表示
- シャトー（生産者）の名前
- ぶどうの収穫年
- シャトーで瓶詰めしたという意味

テイスティングのしかた

❶ ラベルを見て注文したものと同じか確認する

❷ ソムリエがグラスに少しだけ注ぐ（グラスはもたない！）

❸ グラスを持ち、色合いを確認

❹ 鼻に近づけて香りをかぐ

❺ 軽く回し、香りの変化を確認する

❻ 口に含み、よければ「グッド」と告げる（「グッド！！」）

支払いをする

外国ではテーブルで支払いをしたり、チップを払ったりと日本にない習慣があるので、作法を覚えておきましょう。

支払いをするときは

ウエイターに「チェックプリーズ」と告げるか、ペンを持って書くしぐさをすると伝票を持って来てくれます。内容をよく確認し、席で支払います。

サービス料が含まれていない場合は合計金額の10〜15％のチップを渡します。ただしファストフードやセルフサービスの店では必要ありません。

チップの払い方

●支払いが現金で、必要な場合

ウエイターがおつりをトレイに乗せてくるので、おつりからチップのぶんを残して席を立つ。

●支払いが現金で、おつりがいらない場合

ウエイターが伝票を持ってきたら、請求額にチップの額を加えた金額を置いて、席を立つ。

●カードでチップの支払いも行う場合

伝票のチップ欄と合計欄に、自分で金額を記入して渡します。

❷ チップの額をここに書く

❸ チップの額を加えた合計金額を書く

$46.00 ̄ のように横線を入れて不正を防ぐ

```
ARANCINO ITALIAN PASTA & PIZZA

Date: 7/17/2003    Time: 7:01:21 PM
Status:            APPROVED
Card Type:         Visa
Card Number:       XXXXXXXXX408
Expiration Date:   7/31/2006
Swipe/Manual:      Swipe
Card Owner:        oda/keiko

    AMOUNT    40.05    ——❶ 小計
    TIP       $6.00 ̄  ——❷ チップ
    TOTAL     $46.00 ̄ ——❸ 合計
```

クレジットカードの支払いについては**88**ページも参照

5章 街歩き
6章 ショッピング
7章 出国手続き
8章 帰国したら
トラブル対策

トイレを利用する

旅先では、公衆トイレがみつけにくいもの。できるだけホテルやレストランですませておきましょう。

トイレに入るなら

街中でトイレに困ったら、デパートやカフェ、そしてホテルのトイレを積極的に利用しましょう。外国でよく見かけるのが有料トイレです。小銭がなくて入れないということがないよう、つねに小銭を持ち歩きましょう。ティッシュや除菌クリーナーも役立ちます。

各国のおもなトイレ表示

■ **アメリカ**
ラヴァトゥリー／レストルーム
LAVATORY／REST ROOM

■ **イギリス**
トイレット
TOILET

■ **中国**
ツースオ／ショウシーチエン
厕所／洗手間

■ **フランス**
トワレット
TOILETTES

■ **ロシア**
トワレート
ТУАЛЕТ

■ **イタリア**
ギャビネット
GABINETTO

● 有料トイレの使い方

サービス係にチップを渡す

または

コインを入れて入る

各国のトイレ事情

ヨーロッパのトイレ（1）
便座がないこともある。

インドや中近東のトイレ
紙ではなく、水で洗う。紙を使ったら、くずかごへ。バケツで自分で水を流す。

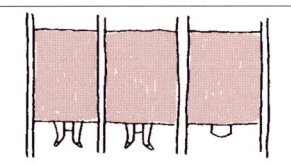

アメリカのトイレ
防犯のため、ドアの足もとがかなり広く開いている。

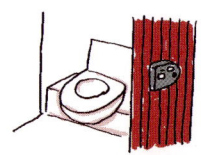

ヨーロッパのトイレ（2）
コインを入れると電気がついて水が流れるトイレもある。

はじめての海外旅行

6章

ショッピング

●免税店で必要なもの

パスポート	商品購入のときに提示を求められることもある
航空券	商品購入のときに提示を求められることもある
お金	現金、トラベラーズチェック、クレジットカードなど

●あると便利なもの

電卓	値段交渉や日本円への換算の際に役立つ
筆記用具	言葉で伝えられなくても、絵に描くと意外に伝わる
予備のバッグ	小さく折りたためるバッグがおすすめ

●付加価値税等の還付手続きができる国

アイルランド／アルゼンチン／イギリス／イスラエル／イタリア／オーストリア／オランダ／カナダ／韓国／ギリシア／シンガポール／スイス／スウェーデン／スペイン／タイ／チェコ／デンマーク／ドイツ／トルコ／ノルウェー／ハンガリー／フィンランド／フランス／ベルギー／ポーランド　など

よい店を探す

出発前に買いたいものや予算を書いたリストを作っておくと、ムダなく効率的に回ることができます。

よい店の選び方

信用できる店を探すには、現地に詳しいガイドやホテルのコンシェルジュに聞くのがいちばんです。また、それぞれの店の特徴も知り、上手に買い物をしましょう。

営業日時に注意

欧米では日曜に休む店が多いうえ、国によっては午後1時から4時まで昼休みということもあります。営業日時は事前に確かめておきましょう。

目的に応じて使い分けよう

免税店 
酒やタバコ、香水などは日本よりかなり安く買える。

デパート 
何でも揃っており品物も信用できるが、価格はかなり高め。

ブランド直営店 
ブランド品の品揃えが多く、最新のものも買える。

土産物店 
ツアーに組み入れられていることが多いが、信用はある。市価より高いこともある。

市場 
何でもあり、価格も安く見るだけで楽しい。スリやひったくりに注意。

アウトレット 
B級品の衣料などが市価の半額に近い値段で買える。

入店〜品物選び

高級店に行くときは、服装もきちんとしたものを着ること。ラフな普段着だと相手にされないこともあります。

店内に入ったら

外国での買い物は、日本と異なるマナーがあります。気持ちよく買い物するために、ぜひ守りましょう。買い物に夢中になってスリやひったくりの被害にあわないよう十分注意すること。

コピー商品は買わない

コピー商品には、有名ブランドの商品に似せて作ったニセブランド商品や、CDやビデオテープを無断で複製した海賊版などがあります。

日本国内への持ち込みは禁止されており、偽物と気づかずに購入した場合でも空港で没収されます。

入店したら「HELLO!」とあいさつを。最初に声をかけてきた店員が担当なので、用件はこの店員に。

欲しくないものをすすめられたらはっきり断る。

見ているだけなら、「ジャスト ルッキング（見てるだけです）」と告げる。

商品を手にとったり試着する際は、声をかける。

マナーを守って楽しく買い物をしようね。

お役立ち英会話

- 試着していいですか？
キャナイ トライディス オン
Can I try thIs on?
- もう少し小さいものはありますか？
クッジュー ショウミー ア スモーラーワン
Could you show me a smaller one?
- 色違いはありますか？
ドゥーユーハヴァナザ カラー
Do you have another colour？

5章 街歩き
6章 ショッピング
7章 出国手続き
8章 帰国したら
トラブル対策

値段を交渉する

日本では売り手が値段を決めていますが、外国では、売り手と買い手、双方によって値段が決まるところも多いのです。

交渉をはじめる前に

外国では値段交渉が当然だからといって、どこでもできるわけではありません。日本のようにあまりしない国もありますし、店によっても異なります。値段交渉ができるかどうか、尋ねてみてもよいでしょう。

○ 交渉OK
- 市場
- 土産物店

✕ 基本的にまけない
- 免税店
- 高級店

値段交渉の手順

1 値段を聞いてみる
いくらですか？
How much is this?
ハウ マッチ イズ ディス？

2 言い値の3割引きくらいから交渉を始める
まけて下さい。
Can I get a discount?
キャン アイ ゲット ア ディスカウント？
No!!

3 帰るフリをするなど、強気の姿勢も有効
まだ高すぎます。
It's still too expensive.
イッツ スティル トゥー エクスペンシヴ

4 交渉成立！ここでさらに下げさせたり、買わないのはルール違反
OK! $70!
OK!!

交渉成功のポイント

値段交渉は店員との歩み寄りが基本です。非常識な値段を提示したり、ほしくもないのに値段交渉だけをすると、トラブルになることもあります。店員との会話を楽しむくらいの気持ちでいると、意外と成功するものです。

- まとめ買いをする
- 現地語で交渉する
- 相場を調べておく
- グループで一括購入する

衣料品サイズ比較表

海外では、衣料品のサイズ表示が日本とは異なっています。買い物の際は、以下の数値を目安にしてください。ただし、メーカーやブランドによっては独自の表示をしていることもあるので注意しましょう。

男性

ワイシャツ（首回りサイズ）

日　本	36	37	38	39	41	42	43	45
英・米	14	14.5	15	15.5	16	16.5	17	17.5
欧　州	36	37	38	39	41	42	43	45

靴

日　本	25.5	26	26.5	27	27.5	28
米	7.5	8	8.5	9	9.5	10
英	7	7.5	8	8.5	9	10
欧　州	40	41	42	43	44	45

女性

服

日　本	7	9	11	13	15	17	19
英・米	4	6	8	10	12	14	16
欧　州	30	32	34	36	38	42	44
仏・独	36	38	40	42	44	46	48

靴

日　本	22	22.5	23	23.5	24	24.5	25
米	5.5	6	6.5	7	7.5	8	8.5
英	2	3	4	4.5	5	6	6.5
欧　州	34.5	35	35.5	36	36.5	37	37.5

免税店の利用

本来商品にかかる税金が免除されているのが免税品です。免税品を取り扱っている店のことを、免税店と呼びます。

免税品を買うなら

免税品の購入は海外旅行者の特権です。ただし、ひとりあたりの免税の範囲は決まっていて、一定の数量や金額を超えると、日本に帰国するときに税金が課せられるので、買いすぎには注意しましょう。

また、商品によっては一般の店のほうが安かったり、外貨のレート次第では日本国内のほうが免税店より安いこともあります。よく比較して旅の後半に購入するとよいでしょう。

> 免税店はDuty FreeやTax Freeと表示されているよ。

免税品はここで買える

● 街中の免税店
観光地では、街中に大きな免税店があり、品揃えも充実している。食品・化粧品などの受け取りは空港で行うことが多いので、帰りの便名を伝える必要がある。

● 空港内の免税店
搭乗待ちや乗り換えの待ち時間を使って買い物ができる。

● 機内販売
カタログを見て選び、乗務員が販売にきたときに注文する。値段は少し高いこともある。

◀ 免税範囲については**102**ページへ

付加価値税還付制度を利用する

海外で買い物をしたときに利用したいのが「付加価値税還付制度」。一般の商店でも特約店であれば、一定金額以上の買い物（国ごとに異なる）をすると免税扱いになり、税金分のお金が戻ってくる制度です。返金方法は、下記の例のほか、空港で払い戻しを受ける場合もあります（還付手続きができる国は81ページ）。

1 購入した店で免税書類を作ってもらう

2 出国空港の税関でスタンプをもらう

3 空港の所定のポストに投函する

4 後日、小切手か口座振り込みで返金される

※EUに加盟している国を複数旅行するなら、手続きは最後に出国する国で行う。

店から荷物を送るなら

荷物が大きくて持ち帰れない場合は、別送品として店から直接日本に送ってもらうとラク。お店の人に頼んでみましょう。

別送品を送った場合、日本の税関に「携帯品・別送品申告書」を2通提出します。押印したものを1通返してもらい、大切に保管します。

必ず別送品（Unaccompanied baggage）と明記する。書かないと免税にならないので、店に頼む場合はしっかり伝える。

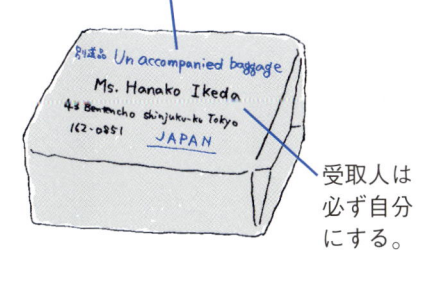

```
別送品 Un accompanied baggage
Ms. Hanako Ikeda
4-1 Bentencho Shinjuku-ku Tokyo
162-0851     JAPAN
```

受取人は必ず自分にする。

◀ 空港で免税品を受け取るなら**91**ページへ

支払いをする

支払いで確認すること

支払いをするときは、おつりはその場で確認し、レシートも必ずもらいます。また、包装前にもう一度、品物の確認を。日本へ帰ってから返品することは、まず不可能です。

海外でお金を払うときは、とりわけ注意が必要です。その場でしっかり確認して、トラブルを防ぎましょう。

お役立ち英会話

- 現金ですか？ カードですか？
キャッシュ オア カード
Cash or card?
- トラベラーズチェックは使えますか？
ドゥー ユー アクセプト トゥラ ヴェラーズ チェック
Do you accept traveler's checks?
- おつりが違います。
アイ スィンク ユー ゲイヴ ミー ザ ゥロング チェインジ
I think you gave me the wrong change.
- レシートをください。
アイ ウォン ナ ゥリッシィー プリーズ
I want a receipt, please.

クレジットカードで支払うなら

```
店名 -ABC STORE #17H
    Honolulu, Hawaii (808) 591-2550
         ❶税金・チップ等

         QWEST $10           10.00 T
      $* TAX  ❸  .42  BAL    10.42

  VF  $  VISA         ❷合計 10.42
              CHANGE              .00


  Merchant ID: 000200042875
                     クレジットカード番号
  Account Number     XXXXXXXXXXXX5744
  Expiration Date    有効期限 11/05
  Card Type                      VISA
  Authorization #               069715

  Customer  MAIKO YODA  名前

  SALE                           10.42

       I AGREE TO PAY ABOVE TOTAL AMOUNT
       ACCORDING TO CARD ISSUER AGREEMENT

              CUSTOMER COPY
   利用日
   7/19/03 22:47 0017 30 2422 10250
   **Save your receipts for FREE GIFTS**
        Visit us at WWW.ABCSTORES.COM
```

❶ 税率が正しいか

❷ 合計金額が記載されているか

❸ 通貨単位が合っているか

● NO REFUND NO CAN-CELLATIONと書いてある場合は、返品や返金の要求ができない

● 利用日のレートではなく、カード会社の決済センターで処理された日のレートが適用される

> 支払いの間は、カードから目を離さないでね。

はじめての海外旅行

7章

出国手続き

●出国手続きに必要なもの

パスポート	チェックインと出国審査で提示する
航空券	予約の再確認（リコンファーム）はすませておくこと
搭乗券	チェックインで航空券から搭乗券に引き換えてもらう
出国カード	入国の際にもらった出国カードはなくさないこと
空港税	空港税分の現地通貨を残しておく
両替証明書	再両替するときに必要なこともある
免税申告書類	免税の払い戻し手続きのある人のみ

●あると便利なもの

フィルム用X線防止バッグ	手荷物検査での感光が心配な人のみ

旅先を出国する

出発時刻の2時間前には空港に着くようにします。タクシーやシャトルバスに航空会社名を告げると、近い場所まで行ってくれます。

① 航空会社のカウンターでチェックイン。航空券を搭乗券に引き換えて荷物を預ける。
▼
② パスポートと搭乗券を見せて、出国審査を受ける。
▼
③ 手荷物検査とボディチェックを受ける。出発ゲートへ向かう。
▼
④ 街中で買った免税品を受け取る。搭乗時間まで搭乗ロビーで待つ。

飛行機のチェックイン

日本を出国したときとほぼ同じ要領です。エコノミー、ビジネス、ファーストでカウンターが違います。パスポートと航空券を用意しましょう。チェックインの際に預ける荷物には、壊れものや貴重品を入れないこと。

空港税（出国税）が必要な国の場合（ベトナムなど）、航空会社のカウンターで払うか、空港内の指定の場所で支払います。空港税の分の現地通貨を残しておきましょう。

● ツアーの人は
添乗員や現地係員に、ここまでついてきてもらいましょう。

重量制限に注意！

お役立ち英会話

● ANAのカウンターはどこですか？
ウェアリズ エーエヌエー カウンター
Where is ANA counter?

● 窓側（通路側）の席にしてください
ア ウインドゥ（アナイル）シート プリーズ
A Window (An aisle) seat, please.

● 荷物は2つです
アイハヴ トゥー ピースィーズ オブ バゲッジ
I have two piecies of baggage.

● 超過料金はいくらですか？
ハウマッチ イズジ エクセス バゲッジ チャージ
How much is the excess baggage charge?

免税品の受け取りがある人は

免税品は、帰国後の使用が原則なので、街の中の免税店で購入したものは、帰国する空港で受け取ることがほとんどです。空港の免税店やゲート内カウンターで引換証を見せて受け取ります。帰国便を変更するときは、早めに買った店へ連絡します。

❶ 引換証を見せて受け取る

❷ すぐに中身を確認する

引換証

こんなときどうする？

オーバーブッキングで席がない！ 
↓
航空会社の責任なので、別ランクや次の便に代えてもらえる。宿泊費等も負担してもらえる。

渋滞に巻き込まれて乗り遅れた！ 
↓
ほかの便にふりかえてもらうが、格安航空券の場合は買い直さなければならないことが多い。※

天候不順で飛行機が飛ばない！
↓
航空会社か旅行会社に連絡をする。別の航空機に代えるか、路線変更などで対応してくれる。 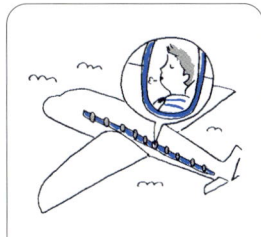

※旅行保険には、少額で入れる飛行機に遅れたときの遅延保険もあります。

5章 街歩き
6章 ショッピング
7章 出国手続き
8章 帰国したら
トラブル対策

手荷物検査

ハイジャック防止のため、機内持ち込み手荷物のX線検査と金属探知機によるボディチェックがあります。

近年、検査はたいへん念入りに行われ、靴を脱いでX線にかけて調べることもあります。

また、高感度フィルムやフロッピーディスクは、X線に反応する可能性があるので、X線防止バッグに入れておくと安心です。

持ち出し禁止品・規制品

各国には持ち出し禁止品や規制品があり、それらを持ち出そうとした場合、没収されたり罰金をとられたりします。とくに現地通貨、美術品、骨董品、貴金属などは規制されていることが多いので注意が必要です。

また持ち出し禁止品と日本への持ち込み規制品は別です。ペルーのコカ茶など国外に持ち出せても、日本へは持ち込めないものがあるので気をつけましょう。

●各国の持ち出し禁止品・規制品

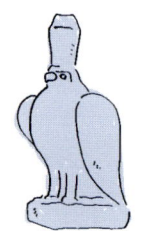

古美術品（エジプト）

仏像は輸出証明が必要（タイ）

許可のない手製の絨毯（トルコ）

1945年以前の絵画、彫刻（ポーランド）

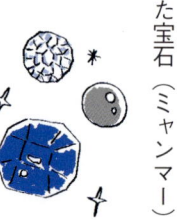

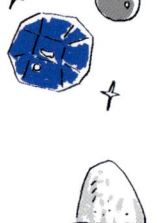

指定店以外で購入した宝石（ミャンマー）

恐竜の化石（モンゴル）

日本への持ち込み禁止品については、**103**ページ参照

税関

出国時は、ほとんどチェックされませんが、入国時に物品を申告した場合は、税関で品物を確認することがあります。もし持っていなければ、売ったとみなされて、税金を徴収されることもあるので注意します。

ヨーロッパの免税店で買い物をして税金の払い戻しを受ける人は、手続きを忘れないようにしましょう。

申告するものはありますか？
Do you have anything to declare?
ドゥ ユー ハヴ エニティン トゥ デクレア

ありません。
No, I don't
ノー マイ ドーント

出国審査

搭乗券、パスポート、出国カード（入国時にパスポートに貼りつけてもらったもの。なくさないよう保管する）を提示して、出国スタンプを押してもらいます。出国時に出国カードを記入させる国もあります。

● 出国カードの書き方（中国）

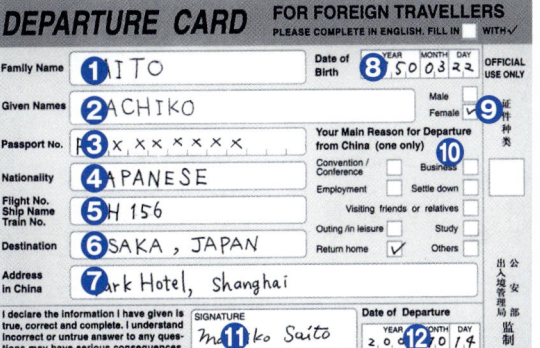

DEPARTURE CARD　FOR FOREIGN TRAVELLERS

- Family Name: ①ITO
- Given Names: ②ACHIKO
- Passport No.: ③P××××××
- Nationality: ④APANESE
- Flight No. / Ship Name / Train No.: ⑤H 156
- Destination: ⑥SAKA, JAPAN
- Address in China: ⑦ark Hotel, Shanghai
- Date of Birth: ⑧ YEAR 50 MONTH 03 DAY 22
- Male / Female: ⑨
- Your Main Reason for Departure from China (one only): ⑩ Return home ✓
- SIGNATURE: ⑪ ma(r)iko Saito
- Date of Departure: ⑫ YEAR 20○○ MONTH 07 DAY 14

① 姓
② 名
③ パスポート番号
④ 国籍
⑤ 搭乗便名
⑥ 目的地
⑦ 中国での住所
⑧ 生年月日
⑨ 性別
⑩ 出国目的
⑪ 署名
⑫ 出国日

出国審査では、とくに質問はされないよ。

余裕をもって！

◀ 免税品の税金の払い戻し手続きについては**87**ページへ

搭乗する

出国審査が終わったら、搭乗券に書いてある搭乗ゲートへ移動します。

搭乗ゲートまで、シャトルバスやモノレールで行くほど遠い場合も多いので、余裕を持って、出発時刻の30分くらい前にはゲート前へ着いているようにしましょう。

出発時刻や搭乗ゲートに変更がないか、掲示板やモニターの表示でよく確かめる。

● 搭乗までの待ち時間は

ゲートの待合室でのんびりくつろぐ

空港内の喫茶店でお茶を飲む

免税店で買い物をする。お土産の買い忘れがないように

小銭が残っている場合は、ここで使い切ろう。

お役立ち英会話

● 搭乗は何時からですか？
ワッタイム イズ ザ ボーディング タイム
What time is the boarding time?

● どのくらい遅れますか？
ハウ ロング ウィリット ビーディレイド
How long will it be delayed?

● この便は予定（時刻）どおりですか？
イズ ディス フライト オン タイム
Is this flight on time?

● 2番ゲートはどこですか？
ウェアリズ ゲイト トゥー
Where is gate 2?

● 遅延 delayed ディレイド
● 定刻通り on time オン タイム

帰国便に乗ったら

帰りの機内では、身体を休めることをいちばんに考えてすごします。日本への入国準備も忘れずに。

帰国便でのすごし方

旅先では自分でも気づかないうちに疲れがたまっています。とくに時差の大きな国から帰って来た人は、帰国後もなかなか調子が戻らないものです。無理して映画を観たりせずに、身体を休め、日本時間に合わせて睡眠や食事をとっておくと、帰国後の生活がずいぶんラクになります。到着が近づいたら、気候に合った服やパスポートを用意し、入国の準備をしましょう。携帯電話は飛行機が完全に停まるまで使用禁止です。

睡眠
日本時間に合わせて睡眠がとれればいちばんよい。 

食事・飲み物
起きたらお食事を用意しますというメモを貼ってくれることもある

いらないときは乗務員に告げて断ってもかまわない。

免税ショッピング
免税品の購入はここが最後。日本の空港では買えない。

服装の調整
日本の気候に合った服に着替えておく。

時刻の調整
時刻を日本時間に戻しておく。

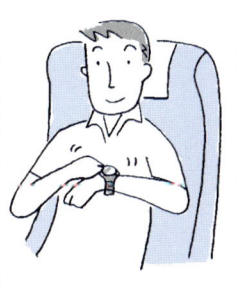

必要書類の記入
携帯品・別送品申告書（必要な人のみ）と検疫の質問票（配られたときのみ）を記入する。

◀ エコノミークラス症候群防止法は**47**ページへ

緊急時の対処法

テロにあったら

爆発事件が発生したら、なるべく現場から遠ざかり、身近で爆発音を聞いたらその場に伏せます。爆風でガラスが飛散することがあるのでガラスから離れること。

戦争や争乱が起きたら

滞在国の日本大使館・総領事館へ連絡をしましょう。日本にいる家族らに連絡をとってくれます。その後、指示にしたがって避難しますが、避難にかかる費用は自己負担です。

ハイジャックされたら

抵抗したり、犯人を説得しようとするのは危険です。犯人を刺激しないように、言われた通りに行動し、犯人と視線を合わせないようにします。

事件等に巻き込まれたら

同行者や旅行中の家族に何かあったときは、現地の大使館や総領事館へ連絡をしてください。状況により現地の警察への捜索依頼、照会、捜査要請をしてくれます。

自分でできる予防策

● 出発前は…
・**渡航先の安全情報を調べる**
外務省の海外安全相談センターでは、電話やFAX、冊子やビデオなどにより、各国の安全に関する情報提供を行っています。
（電話：03－3580－3311）

● 現地では…
・**不審な荷物に気をつける**
爆発物の可能性もあります。また自分の荷物を置き忘れると、不審物として大騒ぎになるのでくれぐれも注意しましょう。
・**荷物から目を離さない**
気づかないうちに荷物の中に危険物を入れられることもあります。
・**危険な場所に出かけない**
事前に治安のよくない場所を調べておきましょう。

はじめての海外旅行

8章

帰国したら

●帰国後すぐに使うため、客室内への持ち込み手荷物に入れておきたいもの

日本円	交通機関や電話を使う際に必要
携帯電話	アンテナを探して電池を消耗するため、旅行先ではオフにしておく
お土産	空港からトランクを宅配してもらうなら、近日中に会う人の分はトランクと別にしておきたい

日本へ入国する

入国手続きは、持ち込む品物や行き先など、事例ごとに手続きが異なるので注意が必要です。

❶ 検疫質問票を飛行機の中で配られた人は検疫官に提出する。

▼

❷ 日本人用のカウンターで入国審査を受ける。

▼

❸ 荷物受け取りテーブルで預けた荷物を受け取る。
動物・植物を持ち込むなら動植物検疫へ。

▼

❹ 必要な人は税関申告をすませ、そうでない人は検査台で二、三の質問を受けて出口へ。

検疫と健康相談

渡航先（アジア、アフリカ）によっては、機内で検疫質問票が配られるので、記入して提出します。配られなかった人は、そのまま通過してもかまいません。

感染症予防の目的で、赤外線による体温チェックをしていることもある。

● 体調のすぐれない人は

高熱が続いたり下痢をしている人は申し出ましょう。空港内の健康相談室で医師に相談できます。

専門医療機関の紹介
問診
検査
健康相談

感染症から身を守るために

空港は、さまざまな国の旅行者が集まるところです。このような場所で感染症にかかるのが心配な人は、マスクを着用しましょう。
多くの感染者を出したSARSなどが記憶に新しいと思いますが、自分が感染源にならないためにも、体調がおかしいと思ったら、必ず検疫所に申し出るようにします。

入国審査

検疫を通過したら、日本人用の入国審査カウンターへ進み、パスポートを提出して入国スタンプを押してもらいます。質問をされることはほとんどありません。
到着便が集中して混んでいる時間帯には、長蛇の列になることもあるので、なるべくすいた列に並びましょう。

荷物の受け取り

❶ 入国審査が終わったら、荷物受け取りテーブルに移動。電光掲示板を見て、自分の便のテーブルへ。

❷ ここからは事例ごとに手続きが異なるので、自分で表示を見て、それぞれのカウンターへ進みます。検査台でもパスポートを提示します。

動植物を持っているなら
◀ **動植物検疫へ**

税関申告が必要な人は
◀ **赤の[課税]検査台へ**

税関申告のない人は
◀ **緑の[免税]検査台へ**

カートの使い方

● 荷物受け取りテーブル近くにある。持ち手を下に押さないと動かない。

● 電車の駅構内や、駐車場まで使える。

● エスカレーターに乗せるときは、注意してしっかり持つこと。

◀ 荷物が出てこない場合は**109**ページへ

動植物検疫のある人は

肉や果物、ペット、植物などを持ち帰った人は、動植物検疫所で検疫を受けなければなりません。

■ 植物を持ち込むなら

植物は持ち込みができないものと、検疫で検査の結果次第で持ち込みができるものとがあり、入手した国によっても変わってきます。

■ 肉製品を持ち込むなら

家畜の病気の発生状況などによって、日本への持ち込みができる国とできない国があります。

ただし、持ち込みができる国であっても、その国で日本向けの検査証明書を取得することが必要です。アメリカや香港などの免税店ではこの証明書がついていますが、ヨーロッパではついていないので、日本に持ち込むことはできません。詳細については、各空港の検疫所に問い合わせをしてください。

※各空港の電話番号は42ページ

動植物検疫が必要なもの

● 植物
- 野菜 
- 切り花 
- 果物 
- 苗   
- 球根 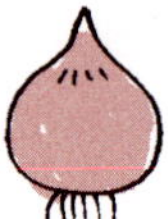
- 種子 
- 木材  
- 植物を材料にした民芸品
- ドライフラワー 
- 香辛料
- 穀類・豆類

● 動物
- イヌやネコなどのペット 
- 肉
- ベーコン
- ハム、ソーセージ 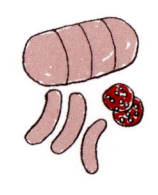
- ビーフジャーキー

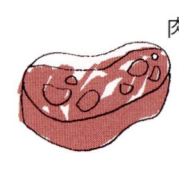

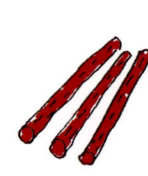

そのほか、骨、卵、脂肪、血液、皮、毛、羽、角、ひづめやこれらの加工品も検疫の対象になります。

税関申告について

免税範囲を超えている人と別送品のある人は、税関で申告をします。別送品のある人は免税範囲内でも申告が必要となります。

カウンターは赤の課税用と緑の非課税用に分かれているので、課税の対象となるものがある人は、赤の検査台に並びます。納税も行います。

申告にはパスポートと携帯品・別送品申告書（別送品のある人は2通）が必要です。非課税の人も、質問を受けたり、荷物を開けてチェックされることがあります。

緑	◀	免税範囲内 別送品なし
赤	◀	別送品あり
赤	◀	免税範囲を超えている
赤	◀	免税範囲内かどうか不明

携帯品・別送品申告書（税関申告書）の書き方

家族につき1枚でよいので、代表者の名前を書き、同伴家族数の欄に人数を記入する。

免税範囲を超えた量だけではなく、持ち込むすべての数量を記入する。また、家族なら免税枠も人数分に拡大されるが、未成年者には酒とタバコの免税枠はない。

品物を購入した額を日本円に換算して書く。レートは帰国当日に近いレートで計算すればよい。税関にも掲示してある。

> 税関では旅行者に有利になるように税額を計算してくれるよ。

5章 街歩き
6章 ショッピング
7章 出国手続き
8章 帰国したら
トラブル対策

免税されるもの

海外で免税品をたくさん購入した人は、帰国前に免税範囲を超えていないか、確かめておきましょう。

免税範囲に注意

海外旅行者が海外で購入したものは、免税品なので税金がかからないとはいえ、数や金額の制限があります。免税の範囲は下表の通りです。

■ 免税範囲を超えた場合

免税範囲を超えると、超えた分の税金を支払わなければなりません。税関では、提出した携行品・別送品申告書にしたがって係員が税額を計算してくれるので、その金額を税関検査場内の銀行で支払います。

■ 免税範囲ぎりぎりか、わからない場合

念のために申告しておきます。あとで見つかると、虚偽の申告をしたとして、物品を没収されたり罰金を支払わなければならなくなることもあります。

一人あたりの免税範囲

品　名		数量又は価格	備　考
酒　類		3本	1本760cc程度のもの。
たばこ	紙巻たばこ	200本	空港の免税店や外国で購入した日本製たばこについては、外国製たばことは別に左記数量まで免税。
	葉巻たばこ	50本	
	その他	250g	
香　水		2オンス	2オンスは約56ccのこと。
その他の品目	1品目ごとの海外市価の合計額が1万円以下のもの	全量	1本5000円のネクタイなら2本まで免税。1品目の合計が1万円以下のものは、20万円の枠に入れなくてよい。
	その他のもの	20万円（海外市価の合計）	品物の合計額が20万円を超える場合には、20万円以内におさまる品物が免税になり、その残りの品物に課税される。ただし、1個で20万円を超える品物は全額について課税される（例えば25万円の時計は25万円全額に課税）。

※円貨換算は定められた公示レートにより行われる。
※家族旅行なら人数分の免税が認められるが、未成年者には酒類とたばこの免税はない。6歳未満は、おもちゃなど明らかに本人の使用と認められるもの以外は、免税にならない。

持ち込めないもの

外国で簡単に手に入っても日本へは持ち込みができなかったり、手続きが必要なものもあるので注意が必要です。

持ち込み禁止品

次のものは、持ち込みが禁止されています。見つかると没収されるだけでなく、覚せい剤や拳銃などを所持していると厳しく罰せられます。絶対に持ち込んではいけません。

- 偽札
- 拳銃 
- 大麻・覚せい剤 
- わいせつ雑誌・ビデオ 
- 偽ブランド品 

持ち込み規制品・手続きが必要なもの

■ ワシントン条約により持ち込みが規制されている動植物

おもな加工品・製品	ハンドバッグ・ベルト・財布等の皮革製品	ワニ、ウミガメ、ヘビ（一部）、トカゲ（一部）、ダチョウ（一部）など
	毛皮・敷物	トラ、ヒョウ等のネコ科の動物、オオカミ、クマなど
	象牙とその製品	インドゾウ、アフリカゾウ
	はく製	ワシ、タカ、ワニ、ゴクラクチョウ、センザンコウなど
	漢方薬	ジャコウジカ、トラ、クマ、サイ等を含有する薬など
	その他	胡弓（ニシキヘビの皮を使った楽器）、チョウの標本、ダチョウの卵、クジャクの羽、サンゴの製品（一部）など
生きている動植物		サル（全種）、オウム、インコ類、ワシ、タカ、リクガメ、カメレオン、オオサンショウウオ、ラン、サボテン、ソテツなど

■ 動植物検疫が必要なもの
100ページ参照

■ 公安委員会の所持許可など所定の手続きが必要なもの
猟銃、空気銃、刀剣類

■ 数量の規制があるもの
内服薬（2か月以内分まで）、外用薬と化粧品（1品目24個以内）

到着ロビーで

❶ 通関後、出口から到着ロビーに出る。

▼

❷ 迎えの人と会う。ツアーの人はここで解散する。

▼

❸ 大きな荷物は、宅配便の受付カウンターから送るとラク。

▼

❹ 交通機関を調べて、各交通手段で家路に着く。

持ち慣れないスーツケースなどの大きい荷物は、扱いに注意が必要です。盗難や事故に気をつけて帰りましょう。

到着ロビーに出たら

迎えの人がいる場合は、到着ロビーで待っています。もし飛行機の到着時刻が遅れても、便名がわかれば空港に電話して到着時刻が確認できます。大きい空港では、便名によって旅客の出て来るロビーが違います。

●迎えの人が到着便の情報を知るには
- 空港のフライト・インフォメーションへ電話
- 空港のホームページ
- 空港内の掲示板・窓口

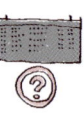

●ツアーの人は

添乗員同行ツアーは到着ロビーで解散です。到着ロビーにある各交通機関のカウンターで時刻表を確認し、切符を手配して帰ります。

●トランクに注意

電車やバスの中で、トランクがゴロゴロ動いたり、バタンと倒れることがよくあるので、しっかりと両足で挟むこと。

荷物が多いときは

大きな荷物を持って帰るのはつらいもの。空港の到着ロビーには宅配便の受付カウンターがあるので荷物を送り、身軽になって帰りましょう。同居している家族やすぐ会う予定のある人への荷物は、自分で持って帰るとよいでしょう。

宅配便の受付カウンター

トラブル対策

日本では普通と思える行動でも、外国ではトラブルを引き起こすことがあります。十分に気をつけましょう。

トラブルにあわないために

- 治安の悪いところへ行かない
- 人前でお金や貴重品を出さない
- 派手な格好をさける
- 荷物からは目を離さずつねに携帯する
- 夜道の一人歩きをしない
- お金は分散して持つ

5章 街歩き
6章 ショッピング
7章 出国手続き
8章 帰国したら
トラブル対策

日本人はとくに狙われやすいので気をつけて。

お役立ち英会話

● 助けて！／やめて！
ヘゥプ！／ストッピッ
Help! / Stop it!

● 泥棒！あの男（女）をつかまえて！
シーフ！キャッチ ヒム（ハー）！
Thief! Catch him (her)!

● 警察に電話してください！
プリーズ コール ザ ポリース
Please call the police!

● バッグを盗まれました。
マイ バァグ ウォズ ストールン
My bag was stolen.

● 金髪 blond ブロンド
● 白髪 silver hair シルバーヘア
● 平均的な average アベレィジ

トラブル事例と対処法

旅行者を狙った犯罪はあとを断ちません。同じような被害にあわないためにも、手口を知っておきましょう。

ホテルで

従業員による窃盗
部屋の中でも貴重品を置いて出かけたりせず、セーフティボックスに入れる。

エレベーター内での強盗
エレベーターには、なるべく一人では乗らないこと。ホテル内といえど、部屋を出たら屋外と同じとこころえる。

ニセ従業員による強盗
ホテルの従業員と名乗って部屋に来る不審な人物は、フロントに電話して確認する。

空港・駅で

麻薬の運び屋にされる
知らない人から頼まれた荷物は、絶対に預からない。

置き引き
切符を購入するときに多発。荷物は両足の間に挟み、注意を怠らないこと。

ニセの出迎えによる強盗
事前に出迎えの人の名前や会社名を聞いておき、先に向こうの名を確かめること。別の人が来たら旅行会社に確認する。

街中で

睡眠薬強盗
睡眠薬入りのドリンクを飲まされて、金品を奪われる。知らない人からすすめられた飲みものは口にしないこと。

クレジットカードの偽造
カード情報を機械で読み取られて、偽造されないように、カードを使用するときは目を離さないこと。

子どもの集団スリ
子どもたちに周りを取り囲まれ、金品を奪われる。不審なときは大声を出して追い払う。

サービスの押し売り
頼んでもいないのに似顔絵を描いたりして代金を要求してくることがある。必要のないときははっきり断る。

偽警察官による詐欺
警察官を装った人物に、パスポートや所持金を奪われる事件も起きている。あやしい人には注意する。

強盗
ピストルやナイフを突きつけられたら、下手にさからわず、素直に従うこと。

5章 街歩き
6章 ショッピング
7章 出国手続き
8章 帰国したら
トラブル対策

盗難・紛失

パスポートがない！

パスポートや航空券、現金の盗難や紛失にあったら、まず現地の警察で、盗難紛失届出証明書を発行してもらいます。

1 盗難紛失届出証明書をもらう

現地の警察へ出向く。英語のわかる人に同行してもらうと安心。

2 大使館で申請

必要書類を用意して申請する。帰国日がせまっている人は所用日数の短い「帰国のための渡航書」の申請をする。申請書は大使館に備えつけてある。

1〜2週間　2〜3日

● パスポートの再発行
必要な書類
- 現地警察発行の盗難紛失届出証明書
- 一般旅券再発給申請書2通
- パスポート用の写真2枚
- 紛失したパスポートの番号、発行年月日、交付地
- 手数料

● 帰国するための渡航書の発行
- 現地警察発行の盗難紛失届出証明書
- 渡航書発給申請書1通
- パスポート用の写真2枚
- 日本国籍が確認できる書類（運転免許証や戸籍謄本）
- 手数料

航空券をなくした！

1 盗難紛失届出証明書をもらう

現地の警察に出向き、発行してもらう。

2 紛失届を出す

航空会社へ連絡して交渉する。発行日、運賃、航空券番号が必要。

代替航空券の発行

または

新たに購入する

機内に預けた荷物が出てこない！

1 航空会社の係員に抗議する
荷物引換証を提示してその場で抗議する。

2 手荷物事故報告書に記入する

3 日用品購入費用を請求する
ただし航空会社によって金額の制限がある。

● 出てこなかったら
航空会社に弁償金を請求します。
購入したトラベラーズチェックの番号を控えてあること。
保険に加入している場合は、保険会社にも相談しましょう。

トラベラーズチェックがない！

1 盗難の場合は、盗難紛失届出証明書をもらう

2 現地連絡先へ連絡
購入時の控えとパスポートが必要。

3 金融機関で再発行の手続き
たいてい即日発行される。

● 再発行の条件
・署名欄（カウンターサイン）に署名がしてあること。
・購入したトラベラーズチェックの番号を控えてあること。

クレジットカードがない！

海外提携銀行か、カード会社の緊急連絡先に連絡し、紛失したカードの失効手続きをする。コレクトコールで日本の連絡先にかけることも可能。カードの失効手続きの受付は、通常、24時間対応している。

盗難紛失届出証明書をもらうには

❶ 警察に行く
❷ 質疑応答
❸ 証明書発行
❹ 手数料ナシ

5章 街歩き
6章 ショッピング
7章 出国手続き
8章 帰国したら
トラブル対策

病気・けが

海外では高い医療費。保険会社によっては、現金不要で治療できるサービスがあります。旅行中に病気やけがをしても、がまんして悪化させず、早めに医師に見てもらいましょう。

ホテルなら

1 添乗員かホテルのフロントに症状を伝える。

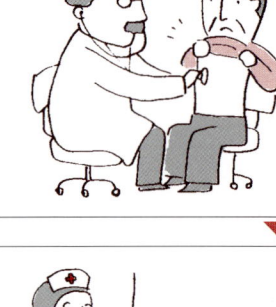

街中なら

1 緊急なら救急車を呼んでもらう。ただし有料で高い。

2 診察を受ける。

海外では日本語が通じないことがほとんど。添乗員や現地ガイドなど、言葉の分かる人についてきてもらうと安心です。

3 薬と診断書をもらう。

保険に入っている人は診断書が必要なので、必ず書いてもらいましょう。ただし歯痛、持病、妊娠に関するトラブルは、保険の対象外となります。

保険金を請求する

保険金の請求は、現地でも帰国後でも可能です。保険会社の提携病院があれば無料で治療を受けられることもあります。

●現地で請求

保険会社の現地代理店か日本に直接連絡し、名前と保険番号を告げて指示を受けます。

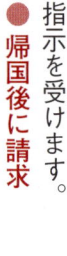

●帰国後に請求

トラブル発生から30日以内に医師の署名入り診断書、領収書、請求書、保険証書を揃えて保険会社に提出します。

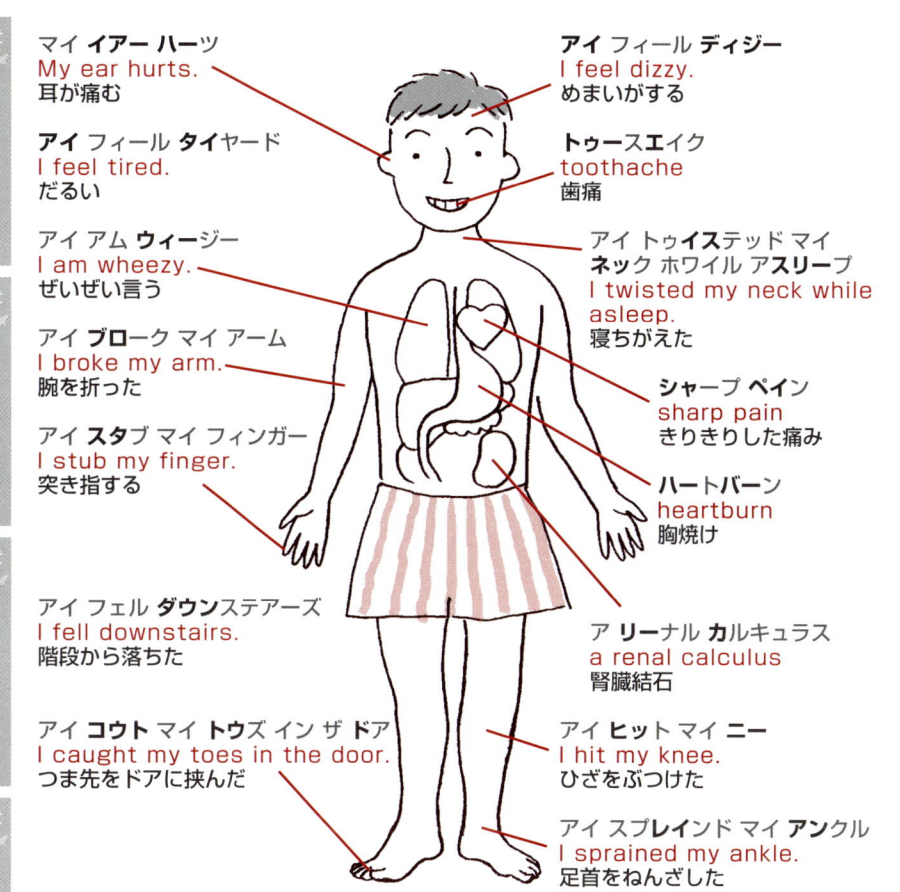

5章 街歩き / 6章 ショッピング / 7章 出国手続き / 8章 帰国したら / トラブル対策

マイ イアー ハーツ
My ear hurts.
耳が痛む

アイ フィール タイヤード
I feel tired.
だるい

アイ アム ウィージー
I am wheezy.
ぜいぜい言う

アイ ブローク マイ アーム
I broke my arm.
腕を折った

アイ スタブ マイ フィンガー
I stub my finger.
突き指する

アイ フェル ダウンステアーズ
I fell downstairs.
階段から落ちた

アイ コウト マイ トウズ イン ザ ドア
I caught my toes in the door.
つま先をドアに挟んだ

アイ フィール ディジー
I feel dizzy.
めまいがする

トゥースエイク
toothache
歯痛

アイ トゥイステッド マイ ネック ホワイル アスリープ
I twisted my neck while asleep.
寝ちがえた

シャープ ペイン
sharp pain
きりきりした痛み

ハートバーン
heartburn
胸焼け

ア リーナル カルキュラス
a renal calculus
腎臓結石

アイ ヒット マイ ニー
I hit my knee.
ひざをぶつけた

アイ スプレインド マイ アンクル
I sprained my ankle.
足首をねんざした

お役立ち英会話

● 病院へ連れて行ってください。
プリーズ テイク ミー トゥー ザ ホスピタル
Please take me to the hospital?

● 熱があります。
アイ ハヴ ア フィーヴァー
I have a fever.

● 下痢をしています。
アイ ハヴ ダイアリア
I have diarrhea.

● ここがひどく痛いです。
アイ ハヴ ア スィヴィア ペイン ヒア
I have a severe pain here.

● 旅行を続けてよいですか?
キャナイ コンティニュウ ディス トゥリップ
Can I continue this trip?

> 身ぶり手ぶりもまじえてできるだけ詳しく伝えよう。

備 忘 録

氏名［漢字］	［ローマ字］	
住所		
電話	**生年月日**	**血液型**
パスポート［番号］	［発行年月日］	
クレジットカード［番号］		
［カード会社名］	［連絡先］	
トラベラーズチェック［発行先］	［連絡先］	
海外旅行傷害保険［会社名］	［連絡先］	
日本大使館連絡先		
現地救急番号［警察］	［救急車］	
リコンファーム［連絡先］	［便名］	

【持ち歩き版】はじめての海外旅行

編 者　グループTEN海外企画室
発行者　池田　豊
印刷所　図書印刷株式会社
製本所　図書印刷株式会社
発行所　株式会社池田書店
　　　　〒162-0851
　　　　東京都新宿区弁天町43番地
　　　　電話 03-3267-6821（代表）／振替 00120-9-60072
　　　　落丁・乱丁はお取り替えいたします。
　　　　©K.K.Ikeda Shoten 2003／Printed in Japan
　　　　ISBN4-262-14337-6

　　　本書の内容の一部あるいは全部を無断で複写複製（コピー）することは、法
　　　律で認められた場合を除き、著作者および出版社の権利の侵害となりますの
　　　で、その場合はあらかじめ小社あてに許諾を求めてください。

0603108